W0374316

Varia / Feltrinelli

Pietro Galeotti

LA RIUNIONE

Feltrinelli

© Giangiacomo Feltrinelli Editore Milano
Prima edizione in "Varia" settembre 2021

Stampa Grafica Veneta S.p.A. di Trebaseleghe - PD

ISBN 978-88-07-49305-8

FSC
www.fsc.org
MISTO
Carta
da fonti gestite in
maniera responsabile
FSC® C021883

www.feltrinellieditore.it
Libri in uscita, interviste, reading,
commenti e percorsi di lettura.
Aggiornamenti quotidiani

IL RAZZISMO
È UNA
BRUTTA STORIA.
razzismobruttastoria.net

Ai miei genitori

"Se poi non dovessi fare il camionista, il frate, il guardiano della diga e l'automobilista americano, come ultima scelta potrei fare anche un'altra cosa.
Restarmene qui dove sono, nella mia stanza molto simile alle vostre, accendermi una sigaretta ed aspettare.
Ed è proprio così che farò."

MICHELE SERRA

"La storia è interamente vera, perché io me la sono inventata da capo a piedi."

BORIS VIAN

E se accadesse domani?

Da qualche tempo mi sorprendo sempre più spesso a guardare ogni persona che incontro per lavoro, a ripensare a tutte quelle che ho conosciuto, con cui ho lavorato, discusso, costruito progetti, condiviso sedie e computer, bonifici e insuccessi in tutti questi anni; vasto programma, mi rendo conto, con l'obiettivo di stimare con precisione statistica quante di queste persone – a spanne, svariate migliaia – incontrate lungo la mia infinita riunione si presenterebbero al mio funerale nella malaugurata ipotesi in cui dovessi decedere prematuramente.

Diciamo, esclusivamente per comodità di narrazione, domani.

È un lavoro che a questo punto della riunione mi appare necessario, anche se non capisco il perché, e non so con esattezza da dove cominciare. Forse potrei stendere un primo elenco, giocoforza provvisorio, dei nomi che con immotivata sicurezza ritengo proprio non possano, o meglio non dovrebbero, mancare alle mie esequie.

Anche per abbattere almeno in parte la noia appiccicosa di questa giornata potrei cominciare adesso a impostare l'elenco, partendo dalla stanza in cui mi trovo. Se mi guardo attorno, dei sette presenti a questo tavolo direi che due sicuramente ci saranno.

Gli altri, non so, non ci scommetto. Forse lui che siede di lato, ma non sono sicuro. Anzi, direi più no che sì. D'altra parte non si può mancare a tutti.

Bene, allora saranno D. e A. i primi due nomi del mio elenco, sperando di non sbagliarmi.

Ma soprattutto di non doverlo verificare domani.

La riunione

Alle 8.35 di un luminoso giorno di primavera mi sono presentato con preoccupante anticipo alla mia prima riunione.

Avevo vent'anni. Portati bene ma vestiti male.

Da allora vivo in quella stanza.

All'interno di pareti tutte ugualmente ritinteggiate in modo approssimativo e troppo tempo prima del mio ingresso, ho trascorso la mia vita umana e professionale, scritto e firmato programmi di successo, flop, talk-show, varietà, quotidiani, seconde serate, pomeridiane, tv dei ragazzi, eventi, eventi speciali, sedicenti eventi, mi sono innamorato e poi sposato, ho stretto amicizie nuove e rotto amicizie antichissime, per arrivare infine dove mi trovo oggi. Ancora in riunione.

Quasi sempre in silenzio.

In ogni riunione il silenzio si presenta la prima volta come tragedia, la seconda come raffinata forma di comunicazione.

Quando è il mio turno di parlare, mi avvalgo sistematicamente di una tecnica perfezionata in decenni di riunioni e basata sulla constatazione che il professionista televisivo è un animale insolito, isterico e dislessico che a differenza degli altri esseri umani usa solo parole-mostro nate dalla fusione in un unico monoblocco orale di sostantivi congiunzioni verbi esclamazioni preghiere invettive aggettivi pronomi minacce e bestemmie.

Questo con l'obiettivo primario di non perdere tempo in una discussione comunque irrilevante (tutto quello che c'è da decidere si deciderà altrove) e potersi riaddormentare subito.

C'è una simbologia precisa, esoterica, da Templari del Palinsesto, che regola il cerimoniale della Riunione.

Intorno a un tavolo molto brutto si posizionano sul lato lungo gli autori (scritto sempre minuscolo).

Sul lato corto, con aria tibetana, sta il Regista.

Appoggiato alla lavagna con una giacca stazzonata, il Dirigente.

Vicino alla finestra, ma con la sigaretta accesa e rivolta in modo da espellere il fumo verso l'interno, il Produttore.

Dalla porta precedentemente chiusa così che nessuno disturbi, entrano ed escono in continuazione senza motivo apparente Cani e Porci.

Si può partire.

Di uno spettacolo televisivo quanto appartiene a un autore?

Chi può dire che un varietà è di chi lo scrive?

Infatti nessuno lo dice, e quasi nessuno lo pensa.

Forse è più corretto dire che qualcuno interpreta quello che pensiamo.

Da cui discende come conseguenza che la fase più importante dell'autore televisivo è la fase del pensiero. Quella in cui tutto può accadere, immediatamente precedente a quella in cui scopri che nulla di ciò che hai pensato accadrà mai.

All'origine di ogni show – fase che con un certo raccapriccio ho sentito definire da un addetto ai lavori "lo spermatozoo" – c'è un'idea.

E dunque è lì, sulla paternità dell'idea, che tutti noi animali da Riunione ci giochiamo la partita per conquistare il ruolo che giustifichi il titolo di testa.

(Sulla dicitura "Da un'idea di" si potrebbe scrivere un racconto in grado di competere con i miti più fantasiosi della Letteratura mondiale.)

"*Bisogna fare il possibile, sapendo che è inutile.*"

Da anni prima di varcare la soglia della Riunione mi ripeto questa frase letta in un racconto di Pier Vittorio Tondelli.

Perché è perfetta. E perché da quasi quarant'anni lavoro come autore televisivo.

Sapendo che è inutile.

Un'altra frase mi viene in mente oggi per ritrovare il senso di questa giornata tiepida e invitante di fine estate consumata in un'unica estenuante Riunione alla ricerca dell'idea buona per una trasmissione; appartiene al migliore, per distacco, di tutti:

Enrico Vaime.

Tanti anni fa, mentre seduto accanto a noi assisteva alla performance di un pubblicitario francese squilibrato e inopinatamente vestito da paracadutista, che proponeva idee fallimentari per le telepromozioni di un lontanissimo Festival di Sanremo, vedendo la nostra crescente perplessità, ci disse sottovoce, ma non troppo:
"*Resistiamo il più possibile, ci pagano un tanto a umiliazione*".

Da allora, con il suo permesso uso questa frase ogni volta che gli eventi lo richiedono. Cioè ogni giorno.

Intanto, mentre penso a cosa dire qui e ora, si fa strada in sottofondo una vocina timidissima, la riconosco come appartenente all'autore junior; premette che si tratta più che altro di una cazzatina buttata lì tanto per rompere il ghiaccio, una possibile ipotesi sfocatissima di progetto che a chiamarla idea svanirebbe del tutto, ma magari serve a far partire la discussione. Insomma mette molto le mani avanti, ma se vogliamo la dice. Vogliamo. La dice.

Non serve.

Non è che a me le idee vengano così, a getto continuo, anzi. Per cui quando tra i miei neuroni un lampo costruttivo si fa largo e sorprendentemente non trova ostacoli nel pudore personale, lo tengo lì, me lo coltivo, lo trasformo attraverso una filiera di link che vengono dall'esperienza sul campo in un'idea: questo è il momento decisivo, mi guardo intorno attento a non far trapelare dalla mia espressione nessun segnale di gioia, ascolto il silenzio degli innocenti che pervade la stanza e quando il volume del mutismo collettivo è allo zenit, quando l'inerzia, la sfiducia, il ristagno dirottano la riunione verso il temutissimo stallo totale e per interminabili minuti tutti fissano il pavimento o il ventilatore rotto del soffitto e nessuno fiata neanche per tossire, in attesa di qualche cosa, *qualsiasi cosa*, in quel preciso momento con soddisfatta ferocia mi gioco il jolly come in una puntata di *Giochi senza frontiere*: tutto d'un fiato butto sul tavolo l'idea e dai naufraghi parte un urlo di approvazione e sollievo.

Si può andare a mangiare.

Di quell'idea, dopo pranzo o l'indomani al più tardi, si sarà persa totalmente la memoria.

La Regola numero uno dell'autore televisivo recita:

Il tempo impiegato per ottenere l'appuntamento e raccontare a qualcuno un progetto di programma è sempre superiore al tempo necessario perché quello stesso progetto sia realizzato da qualcun altro.

Le idee sono nell'aria.

D'altronde, come mi dice il sedicente collega della capitale dandomi uno strappo verso viale Mazzini: "Ao', chi più chi meno, semo tutti autori".

In ogni modo, nel passaggio da un ufficio all'altro, da un produttore all'altro, da un dirigente all'altro l'idea di cui sopra si annacquerà via via in un brandello di ipotesi riciclaticcia che pure tu che te l'eri inventata farai fatica a riconoscere.

In conclusione: *Taci, che il broadcaster ti ascolta.*

Odio questa Riunione. Va avanti da troppo tempo. E sono senza difesa contro il malumore.

La Riunione è una sorta di psicoanalisi permanente dove lingue diverse, idee diverse e bisogni diversi possono esprimersi liberamente senza censure e senza filtri: il contesto perfetto per la nascita e la diffusione di eventi traumatici dalle conseguenze imprevedibili per ciascuno dei partecipanti.

Con uno sforzo neuronale estremo registro mentalmente la voce del Dirigente in sottofondo che allentandosi il nodo inutilmente grande della cravatta ci informa che alla Rete servono dodici puntate di una prima serata perché il presentatore che doveva condurre lo spettacolo già messo in palinsesto si è accordato ieri con la concorrenza e ha dato forfait all'improvviso, insieme a tutta la produzione.

La storia dello Spettacolo italiano non ne dovrebbe risentire, ma per noi significa, a partire da ora: inventare da zero uno spettacolo che deve andare in onda tra

due settimane.

Quindici giorni immobili da scontare dentro questo appartamento al primo piano di un palazzo romano d'epoca fascista con portineria fascista.

La nostra stanza è quella "in fondo a destra, quindi non fate troppo casino che a fianco c'è il noto Giornalista che quando lavora non vuol essere disturbato", a disposizione qualche genere alimentare in un frigo fascista, una pala per ventilare che pende dal soffitto a testa in giù, una lavagna per segnare punti di scaletta incollando post-it cadenti, un numero di computer che per antica consuetudine della Televisione di Stato Italiana è sempre e comunque di un'unità inferiore rispetto al numero dei presenti, un televisore Mivar e un paio di armadietti risalenti alle Corporazioni delle Arti e dei Mestieri traboccanti di faldoni di vecchi contratti di vecchissime produzioni con vetustissime scalette di programmi fossilizzati.

Noi prigionieri siamo già in completa catalessi, occhi evaporati o abbandonati a pencolare pericolosamente nel vuoto.

Nervosamente scorro le foto nel telefonino fingendo di essere alla ricerca di un'idea, ovviamente le due cose non possono avere alcun rapporto tra loro se non fideistico. Almeno verifico che di tutti questi anni di tv conservo solo una foto con Gianni Brera scattata in un vecchio studio Rai della Fiera (non c'è più lo studio e nemmeno la Fiera): Brera, che per me non è un giornalista sportivo ma una divinità (come si evince dal mio sguardo adorante), è seduto in poltrona, fuma la pipa mentre io gli sto del tutto innaturalmente al fianco, appoggiato sul bracciolo, come un gatto o la pupa del gangster. È una foto fine anni ottanta. Mi piace molto, ma non risolve il mio problema, ora.

Qualcuno ha un'idea, per favore?

In un foglietto che con esagerata circospezione il Dirigente mi ha appena passato – magari mi considera il più attendibile di questa ciurma, o forse ero solo quello più vicino all'uscita – sono segnati due o tre nomi di possibili conduttori da contattare, liberi ed evidentemente ritenuti adatti.

Adatti a chissà cosa, dato che qui nessuno parla. Li soppeso con oculato snobismo mentre qualcuno – certo uno più giovane di me – senza consultarci telefona al bar di riferimento per ordinare dei panini.

Non ho mai capito perché la condizione dell'autore comporti, tra le altre privazioni, quella di essere costretto a mangiare male, di corsa e in piedi. E rigorosamente in locali schifosi.

Resto convinto, nonostante le delusioni, che per creare l'esile magia dell'effimero, in buona sostanza rendere migliori se non le vite almeno le prime serate degli altri, non sia irrilevante la necessità di rendere migliori innanzitutto le proprie giornate, magari trascorrendole a tavola insieme a commensali arguti mangiando ottimi piatti rivisitati della tradizione locale, serviti da una ribalda cameriera che aspira a una carriera artistica, lasciandosi andare a confidenze professionali, aneddoti brillanti e pettegolezzi sugli amori in corso di colleghi e soubrette.

Così, almeno questo è quello che io penso, da far confluire questa inesauribile miscela creativa nel serbatoio dell'anima di modo che nei mesi, negli anni quel combustibile ti permetterà di mettere in moto nuove storie belle.

Quando frequentavo il liceo, come tutti quelli che vanno bene in italiano, sognavo di diventare uno scrittore famoso e, con la fantasia *cinéphile* dello studente provinciale, da povero figlio di proletari mi trasformavo in un intellettuale in completo di lino bianco seduto al tavolo di un locale alla moda romano (milanese), o sotto il pergolato durante la bella stagione, impegnato tra una pietanza molto costosa e un bicchiere di vino ancora più costoso in una raffinata e spiritosa conversazione *vis-à-vis* con i miei ospiti, gli eredi naturali di Achille Campanile, di Marcello Marchesi, di Ennio Flaiano, mentre poco distante dalla nostra tavola il nuovo Fellini parlottava sottobraccio con il Mastroianni del Terzo millennio e al momento del caffè ci raggiungeva Laetitia Casta (proprio lei, che ancora oggi non ha niente da invidiare a nessuno).

Invece.

Decine di anni consumati sgretolando panini contundenti in compagnia di altri disgraziati come me, trasandati – loro – come chissà perché si ritiene che un autore debba trasandarsi con certi orrendi maglioni girocollo e quelle felpe da ergastolani e sulle spalle l'immancabile zainetto più adatto a una gita al Terminillo che a un caffè da Rosati, ma tutti intenti a buttare un occhio agli ascolti della sera prima per commentare con piacere feroce il risultato di chi è andato male nella spietata guerra degli ascolti e poterne spiegare il flop agli altri addetti ai lavori con l'arma di distruzione di massa dell'*homo televisivus*: il senno di poi.

Quel momento in cui diventa chiarissimo a tutti che il comico che meno di dodici ore prima ti faceva sganasciare dalle risate – glielo hai anche detto abbracciandolo e ringraziandolo e promettendogli altre cinque puntate – non funziona, non ha mai funzionato e non funzionerà mai, e chi l'ha scelto è un coglione e da un lato all'altro della stanza cominciano a volare occhiate oblique e mormorii di disapprovazione, in cui chiunque si sente autorizzato a spiegarti che la scenografia scelta per il programma ha la luminosità di una necropoli etrusca, il cast è un carrello dei bolliti, il meccanismo non funziona e l'unica cosa efficace è la gag con i bambini pasticcioni che dalla prossima puntata, se mai si farà, dovrà avere un ruolo centrale nello show.

Ma ieri sera per fortuna in onda c'è andato qualche altro poveraccio e quindi tocca a noi adesso pontificare, subito dopo aver letto gli ascolti. E allora via con le sentenze: ormai il Tale è morto, e gli sta bene così impara a sparlare di tutto e di tutti con quella spocchia da primo della classe che non si capisce da dove gli venga. Anche se, con il culo che ha, casca sempre in piedi, ho letto che l'anno prossimo gli danno Sanremo.

Se non cambiano tutti i Direttori, ché in quel caso la partita si riapre anche per l'Altro, quello con cento vocaboli in repertorio.

Fine della filippica e fine anche di questi schifosi panini.

Sarà venuta un'idea, un'idea qualunque?

Rientrati nel sacello, che un evidente errore del catasto ha archiviato come stanza abitabile, notiamo che sul tavolo si è materializzato uno scartafaccio: a un esame più approfondito che comunque ci permette di arrivare alle 16, quando con tanto amor l'uomo a' suoi studi intende o torna agli aperitivi, il malloppo risulta essere il Format di un realitytutorialcookshowtalentmaking centroamericano che, con le opportune modifiche necessarie ad adattarlo al gusto del nostro pubblico (Nostro? Pubblico? Gusto?), potrebbe funzionare.

Vorrei avere le parole adatte per descrivere quell'impercettibile luccichio da truffatore mediorientale che illumina gli occhi dei dirigenti quando nell'aria risuona la parola fatale: *Format!*

C'era vita prima del Format?

Quando ho iniziato questo mestiere – anche se mio padre che fu operaio, dunque una persona seria, ogni volta che cercava di spiegare a qualcuno il mio lavoro non sapendo cosa dire, e neppure cosa facessi esattamente, per troncare il discorso diceva "il giornalista", che più o meno capiscono tutti – comunque quella volta lì il Format non esisteva.

(Il Format rivendica il rifiuto polemico della complessità e per definizione se ne disinteressa perché nel suo mondo la complessità non esiste.)

Le principali conseguenze dell'avvento del Format?

Alla tirannide dei Capistruttura, che ancora alla metà degli anni ottanta erano divinità potentissime con diritto di vita e di morte sugli autori sui conduttori e sui registi, si è sostituita la tirannide dei Produttori Esterni, i proprietari dei Format.

Dunque alla fine di questa Riunione, all'ora del quinto caffè (secondo una ricerca dell'Università di Boston una riunione di scalette al netto del tempo dedicato ai caffè durerebbe 3 ore e 12 minuti in meno) abbiamo un Format e una terna di conduttori scritti a penna all'interno della quale pescare il jolly.

Quale disgrazia vogliamo affrontare per prima?

Dobbiamo decidere in fretta, prima che per distrazione a qualcuno di noi venga un'idea originale in grado di spezzare questo equilibrio.

Si parte dal Conduttore, così poi si può passare alle cose serie.

I tre nomi scritti sul foglietto si riferiscono a professionisti di fascia A/2, nomi abbastanza affermati ma in ritardo di un giro rispetto a quelli di moda oggi, e quindi bisognosi di un nuovo collaudo e di una opportunità di riscatto.

Riepilogo: siamo chiusi in una stanza decrepita, a Roma, con un Format battente bandiera bananense, e un presentatore da miracolare scelto tra una terna malandata.

Decido in questo preciso istante che il giorno che mi faranno uscire di qui pubblicherò un elegante volumetto illustrato con i disegnini che ciascuno di noi reclusi esegue sul foglio bianco durante queste interminabili riunioni.

Il mio "artista" preferito, per esempio, ne fa di meravigliosi e ne è molto compiaciuto, al punto che da quando ho cominciato a collezionarli, lui prima di cedermeli si assicura che siano "buoni".

All'inizio disegnava solo alberelli striminziti, secchi, piegati dal vento: ne ricordo in particolare uno del 1998 con uno stile alla Hokusai raffigurante quattro alberi in una prospettiva stramba disegnati con un pennarellone nero che rende ancora più bianco lo sfondo del foglio A4 mentre dall'alto un piccolo sole rosso fuoco getta su tutto una luce sinistra. Sicuramente quel disegno nacque durante una riunione per uno sponsor.

Negli anni oltre agli alberelli il "mio artista" ha continuato ad aggiungere sempre nuovi soggetti: una volta le casette, tutte arroccate come borghi medievali quasi a confondersi una dentro l'altra, un'altra le quadrerie, enormi pareti di quadri piccoli e grandi di ispirazione impressionista, poi la bellissima serie ispirata – credo involontariamente – alle metropoli futuriste dell'architetto Sant'Elia con grandi autostrade sopraelevate che irrompono dentro stazioni ultramoderne, e da ultimo la serie dei colori: una vera cagata fatta con gli evidenziatori, ma come sappiamo non tutte le fasi di un artista possono essere ugualmente interessanti.

L'ultima serie in mio possesso risale al periodo dei volti realizzati con forme geometriche, che conservo ancora insieme a tutti gli altri.

Con i progetti dei programmi che non farò.

Da quando si è sparsa la voce che colleziono questi frammenti di Meeting Art (l'inglese impacchetta sempre con precisione la fuffa), molti amici li conservano e me li fanno avere; io li catalogo tenendo sempre al primo posto il disegnino di L. – una mia caricatura – abbozzato con una certa grazia durante una riunione di copione al Teatro Ariston.

Persino durante questa di Riunione – interminabile come quelle notti che da giovani si usavano per stare svegli e confessarsi sogni e aspirazioni – stiamo producendo per la mia collezione: io realizzo la mia solita serie di frecce che partono da un centro e si diramano in tutte le direzioni spesso incrociandosi tra loro, se avessi il coraggio di andare dallo psicanalista per prima cosa gli mostrerei quei disegni, P. appunta singole parole o spezzoni di frase e li incasella in quadratoni che colloca a varie altezze del foglio secondo la lezione futurista dei Mots en liberté, C. disegna facce di porcellini, M. compila elenchi di ospiti in quadricromia.

Poi T. mi passa un foglio A4 con un grappolo di volti dolenti, stupiti, perplessi, rassegnati. Il capolavoro è firmato a penna e sul retro annota meticolosamente la data di produzione, il programma di riferimento, l'ora di realizzazione e il titolo dell'opera:

GLI ALLIBITI.

Lo guardo, mi guarda, ci guardiamo.

Eccoci, siamo noi.

Ma ora bisogna rompere lo stallo e partire.

Oltre allo scartafaccio, il funzionario ha lasciato sulla scrivania la chiavetta contenente la registrazione di una puntata del Format boliviano, giusto per dare un'occhiata, dice lui.

Gli diamo un'occhiata, giusto per farlo felice: riassumendo in una parola il Format che abbiamo visto, potremmo dire che è boliviano.

La chiavetta finisce nell'armadio ministeriale insieme a tonnellate di dvd e a resti di vhs appartenenti a Funzionari defunti da secoli, poi il silenzio può ripiombare sul nostro tavolo di lavoro.

E se partissimo dal Conduttore, dalla sua ineffabile nevrosi, da quell'insofferenza malcelata dietro la scaletta, dalla sua lugubre calendarizzazione delle tragedie?

O magari dalla sua tipica frase d'attacco: "Io devo andare in scena allegro, perciò risparmiatemi le rotture di coglioni, i seccatori, le raccomandazioni e i vostri musi lunghi".

Se vi vedo tristi, sono triste.
Se siete preoccupati mi preoccupo.
Se vi distraete mi distraggo.

La sua allegria dipende quindi dalla nostra tenuta psicologica.

E se lo show andrà male potrà dare la colpa agli autori.

Come sempre.

Ricordo il saluto che un Conduttore rivolse a noi autori di un programma clamorosamente brutto di troppe estati fa.

Brutto, ma per colpe non esclusivamente nostre.

Rivolgendosi a noi poveri disperati messi in un tavolo pericolosamente vicino al cesso e dolorosamente lontano dalle ballerine, ci ringraziò per aver portato il nostro tocco RUSTICO al programma! Cosa avrà voluto dire? Sarà stato un complimento?

Il Conduttore desidera sempre l'evaporazione dell'autore, il venir meno della sua funzione orientativa, la scomparsa della sua autorità, l'abolizione del suo ruolo di coscienza critica. Anche se, essendo meno raffinato, si limita in genere a dire "come sempre devo fare tutto io".

Resta il fatto che serve un'idea.
Così almeno dice qualcuno di noi.

Si affaccia nella stanza il Produttore:
"Ragazzi, attenzione: ogni idea accende un costo!".
La prima volta questa frase me la disse R. che l'aveva a sua volta sentita pronunciare da un Produttore a una riunione alla quale lei era presente.
Allora risi molto.
Solo dopo ho capito che riguardava anche la mia vita ed era ormai troppo tardi per cambiare mestiere.
Metti nella stanza un Produttore e all'autore non resta che un penoso elemosinare qualche rivoletto di budget per fare spettacolo a scapito di costi industriali, casting, collegamenti, scene, uffici stampa, stylist, social media manager.
Ma se tutto il budget che abbiamo a disposizione se ne va in millecinquecento voci di spesa, mandiamo in onda la scenografia. Purché non sia tombale. La scenografia.

Tanto l'importante è che il programma sia già venduto. Ma venduto a chi? Chi se lo compra se ancora non sappiamo cosa c'è dentro neanche noi che dovremmo inventarcelo?

Proviamo a ripartire dall'inizio.
Serve una prima serata da costruire in fretta, che costi poco, utilizzi un Conduttore in chiara parabola discendente ma da rivitalizzare, possibilmente si ispiri a un Format orrendo, faccia molto ascolto e sia pronta per andare in onda tra due settimane. Meno un giorno.
Vietato arrendersi. E comunque, se resa dev'essere, che sia alle mie condizioni.
Pertanto tutti insieme decidiamo di decidere domani.
In riunione.

Carissimi,

come molti di voi sanno, aggiorno con regolarità l'elenco degli amici, colleghi e conoscenti che con un certo ottimismo ritengo sarebbero presenti al mio funerale, se morissi domani.

Mi sono costruito nel tempo una reputazione piccola e gradevole, ma è una piantina fragile che vorrei conservare con cura anche in futuro. Cominciando dal giorno delle mie esequie.

A questo proposito intendo approntare un Elenco Ufficiale delle Presenze redatto davanti a un notaio inserendo quelli di voi che nell'eventualità del mio decesso dichiarino espressamente e a far data da oggi di voler partecipare alla cerimonia funebre.

Prima di aderire con entusiasmo immotivato, è giusto sapere che la cerimonia funebre per mio espresso desiderio si terrà in località Albissola Marina (Savona).

La chiesa è Nostra Signora della Concordia, si trova nel centro storico e il parroco solitamente officia alle 10.00.

Per chi proviene da Roma in giù, ma persino da Firenze in giù, diventa quindi inevitabile raggiungere il luogo della cerimonia la sera precedente la stessa.

Piemontesi e lombardi possono invece rischiare la levataccia.

Vorrei in questa occasione smentire definitivamente la pessima nomea che riguarda noi autori e che ci descrive ingiustamente come pressapochisti, cialtroni, inaffidabili.

Per questo motivo durante i periodici aggiornamenti dell'Elenco Ufficiale delle Presenze sarò particolarmente attento ad aggiungere solo chi mi sembra dimostrare nei miei confronti un autentico – e non di facciata – legame affettivo in grado di comprendere insieme al dolore per la prematura scomparsa anche la voglia di andare oltre una logistica complicata.

Non sono ammessi ripensamenti.

Comunque, almeno voi tre, sappiate che ci tengo.

E la sventurata cantò

Arrivato al crepuscolo della carriera canterò di questo lavoro precario, di questa vita a progetto che dura al massimo 20 palinsesti utili. Poi sono solo repliche.

***

Nonostante il ritardo della produzione e l'avvicinarsi minaccioso della prima messa in onda, il tema della Riunione di oggi è: *Dimostrazione delle innumerevoli e fantasmagoriche applicazioni possibili dell'intelligenza artificiale nello show che stiamo costruendo.*

Il dimostrante è entusiasta, anche più del dovuto. Noi siamo in tanti, e tutti allibiti, come sempre.

Mi offro come cavia.

L'intelligenza artificiale mi scannerizza completamente e usando i suoi sofisticatissimi algoritmi stabilisce che ho cinquantasette anni.

Come l'Anagrafe di Albissola Marina.

***

Quella sera il Teatro Ariston era il luogo più sorvegliato e difeso del sistema solare.

La presenza di Michail Gorbačev e di sua moglie Raissa e quella concomitante di Roger Clinton, fratello di Bill, di lui più noto in quanto presidente degli Stati Uniti d'America, avevano fatto confluire tra le palme della cittadina rivierasca i servizi segreti sovietici, l'Fbi (quella vera), agenti segreti valacchi, mercenari in congedo e svariate altre polizie mondiali oltre ovviamente a tutto l'apparato di Sicurezza di casa nostra.

Entrare all'Ariston era praticamente impossibile anche per i Presentatori, e persino per i Cantanti impegnati a oltrepassare una serie di check-point prima di approdare sul palco a fare il proprio mestiere.

Fu quindi con un giustificabile smarrimento che durante la diretta io e F., intenti a guardare lo svolgersi della medesima sul monitor piazzato nell'angusto e privatissimo tratto di backstage riservato a Conduttori e autori, fummo raggiunti alle spalle da un uomo vestito con un elegante smoking bianco e un cilindro sulla testa che con assoluta serenità ci comunicò: "Sono appena arrivato dalla Germania, ora tocca a me entrare in scena, vero?".

Era un imitatore, un tempo anche piuttosto famoso, di cui negli ultimi anni almeno io avevo perso un po' le tracce (evidentemente si era esibito più che altro in Germania), ma in quel momento più che la biografia personale ci premeva capire come fosse riuscito a eludere i fino a lì invalicabili sistemi di sicurezza (forse imitando il papa?) e soprattutto come evitare che di lì a poco, finita la canzone, salisse veramente sul palco a esibirsi, qualunque cosa avesse in mente di fare.

Sul palco termina l'esibizione del cantante in gara, sentiamo scrosciare gli applausi dell'Ariston, F. si prepara a entrare mentre contemporaneamente segnaliamo al nostro Dirigente la curiosa presenza e la minaccia planetaria che rappresenta, F. entra ad annunciare il prossimo cantante in gara, io mi giro mentre il Dirigente chiama la Sicurezza, F. annuncia, con la coda dell'occhio vedo entrare in uno stanzino che a stento contiene tre persone l'intero esercito degli Stati Uniti, il Kgb e la Croce Rossa, poi guardo il monitor, dirige il maestro, F. rientra, io mi volto, il nostro spazio è ritornato vuoto.

Dell'ospite che non si esibì quella sera per molto tempo non sentii più parlare.

***

Sotto il pergolato a pranzo con C., oggi in gran forma, ci abbandoniamo dopo il caffè a un rapido giro d'orizzonte sulle novità più rilevanti e sui pettegolezzi più succulenti del nostro Sistema e dei suoi Protagonisti.

Si cazzeggia insomma, pratica che considero seriamente parte integrante del lavoro, checché ne pensino i miei detrattori.

La storia di giornata è quella dell'ex Direttore da poco fatto fuori in seguito a una furibonda faida politica interna alla maggioranza.

In attesa di ricollocamento gli hanno assegnato un nuovo ufficio, senza finestre e senza collegamento Internet, come da manuale del mobbing aziendale.

Nella stanza inutilizzabile sono rimaste però oltre alla scrivania anche due rigogliose ed esotiche piante ornamentali ereditate da qualche precedente dirigenza, dentro le quali alternativamente lui piscia più volte al dì per non rinunciare al privilegio dei giorni in cui, da Direttore, aveva diritto al bagno privato in ufficio.

C. oggi ha molta voglia di raccontare anche estraendo diverse pepite dalla sua personale miniera di aneddoti professionali, qualche bella storia del passato, di quelle leggende televisive in bianco e nero vere o verosimili ma in ogni caso così divertenti da ascoltare.

Come la storia di quell'impresario di terza o forse quarta fascia, di aspetto rivedibile e dalle frequentazioni pericolose, il cui italiano scivolava inevitabilmente nel dialetto stretto di provenienza, ma misteriosamente ben introdotto nel Palazzo, che amava iniziare le riunioni posando sul tavolo la sua enorme pistola, meticolosamente puntata in direzione del suo interlocutore.

In genere, anche grazie a questa abitudine, le sue proposte passavano senza troppi sforzi e i suoi artisti, modesti faticatori del sottobosco canterino o comico, trovavano sempre uno strapuntino catodico mentre chi di dovere faceva al massimo attenzione a collocarli in programmi notturni, estivi, comunque dalla visibilità approssimativa.

Un equilibrio ammirevole spezzato talvolta solamente da un improvviso ostacolo posto sbadatamente da qualche autore appena assunto e poco consapevole dei sistemi consolidati, o da un Dirigente di fresca nomina voglioso di encomi.

Il meccanismo allora, in conseguenza di questi imprevedibili eventi umani, si inceppava per breve tempo, fino al momento in cui il manigoldo incendiava la macchina, distruggeva l'ufficio, minacciava la famiglia del malcapitato e la routine poteva ricominciare a scorrere come prima.

***

Durante le prove dei programmi di cui sono autore spesso mi viene chiesto di fare da controfigura a uno o più degli ospiti che interverranno in puntata per consentire alla regia di provare luci, microfoni e inquadrature.

L'ho sempre fatto, fin dai primissimi tempi della mia carriera. Per cui sono stato, tra gli altri, Elton John, Paul Auster, Roger Moore, John McEnroe, Mariah Carey, Martin Scorsese ma anche Biagio Antonacci, Silvan, Conchita Wurst o Paola Barale.

Oggi ho interpretato il ruolo, in collegamento, di Sergio Mattarella e questa sera riguardando la registrazione, per la prima volta, mi sono visto bravino.

***

Dopo un inseguimento di settimane mi ha finalmente dato appuntamento per domani alle 16.30.

All'interno della Lounge Frecciarossa della Stazione Centrale. Evidentemente, e non solo simbolicamente, per lui rappresento una coincidenza. E io mi sento su un binario morto.

***

La Riunione highlights

- Sperperare le idee è peccato, non averle è reato.
- Il coreografo si offende se lo chiami coreografo.
- Il cantante per esibirsi può pretendere un tappeto orientale. Ma gli va bene anche falso.
- Servono idee nuove, astenersi competenti.
- Fantasticare su ciò che è possibile.
- Il ruolo femminile ci sarebbe, ma poi va scritto bene.
- Prima o poi ti diranno che serve un ospite di destra.
- Negli altri programmi vanno tutti gratis.
- Di sicuro attualmente non c'è neppure il giorno di messa in onda.
- Quasi nulla è più inutile del buonsenso nel nostro mestiere, forse solo le riunioni per i promo.
- La mia idea di massima è questa, ma va messa giù bene da voi autori.
- Tutte le trasmissioni memorabili si assomigliano tra loro, ogni trasmissione trascurabile è trascurabile a suo modo.
- Mai ordinare insalata al ristorante.

***

Rilegge faticosamente il copione sprofondato nel divano del soggiorno doppio del suo prestigioso appartamento milanese, che non c'entra nulla con lui.

Tanto è sobriamente elegante l'uno quanto è programmaticamente scalcinato l'altro. Per lui io e M. stiamo scrivendo da mesi un nuovo spettacolo teatrale.

Scrivere: come diceva Metz a proposito di Totò, posso confermare che anche il nostro artista non ha bisogno di poeti, ma di complici.

***

Comunicazione di servizio:

Chiunque usi l'espressione "briffare gli ospiti" è espulso con effetto immediato da questa Riunione. L'uso dell'aggettivo "distopico" è consentito per un massimo di due volte a giornata e comunque mai pronunciato dalla stessa persona. Chi esclama "Tanta roba!" è passibile di querela in sede civile e penale.

***

Nascita di un autore. Leggenda nord-occidentale

A sorpresa, mentre siamo impegnati nella riunione finale prima della diretta, deflagra nella stanza la notizia che l'Artista – recentemente convertitosi a nuova fede religiosa all'insaputa di tutti – fa sapere attraverso il suo costernato impresario che non potrà esibirsi come previsto dalla scaletta per non trasgredire il precetto che vieta qualsivoglia attività lavorativa nella giornata di sabato.

In redazione serpeggia un intuibile smarrimento: persino

i Dirigenti più anziani interpellati immediatamente non ricordano un precedente e a una prima sommaria verifica con l'Ufficio Scritture appare chiaro che non è prevista dal contratto una penale a seguito di forfait per motivi religiosi.

Messe precipitosamente via le scalette della puntata, inizia tra i presenti una lunga e serratissima discussione incentrata sui rapporti tra Talmud e Concorso, tra Televoto e Shabbat.

Si scopre che sono inesistenti.

Tra di noi molti peraltro si dichiarano profondamente laici, alcuni anche con picchi di apostasia.

Il collega riconosciuto da tutti come l'intellettuale del gruppo avanza una proposta: potrebbe telefonare a un amico che è a sua volta molto amico di un autorevolissimo studioso delle religioni. Nel giro di poche telefonate quest'ultimo si dichiara disponibile ad approfondire ed eventualmente risolvere la questione.

Prende dunque la parola in viva voce l'anziano e dottissimo luminare, al cospetto di tutti noi ansiosi di un segno di speranza; con sapienza e autorevolezza prova a piegare alcuni ambigui passaggi del Libro in direzione di una lettura favorevole all'esibizione dell'Artista ma dopo un'interminabile esegesi delle fonti e una sfinente quantità di subordinate e anacoluti anche lui, fino a quel momento considerato infallibile, si dichiara sconfitto. E riattacca.

Nel silenzio tombale successivo alla chiusura della telefonata uno stagista fino ad allora invisibile, folgorato nell'atto di uscire dalla stanza nell'istante esatto in cui questa era stata trasformata in unità di crisi senza più contatti con l'esterno, suggerisce sottovoce, come parlando tra sé, una soluzione dettata più dal buonsenso che dagli studi di Teologia: se l'Artista non può esibirsi di sabato – dice – basterebbe prevedere in scaletta la sua apparizione immediatamente dopo lo scoccare della mezzanotte, quando Shabbat finisce.

L'idea come una freccia dall'arco scocca, vola veloce di bocca in bocca ed è salutata da una lunghissima ovazione dei presenti. Dopo le opportune verifiche religiose convince anche il neoconvertito. Che può firmare il contratto e passare in Sala Trucco.

Risolto il problema, si può finalmente tornare alla scaletta e ai suoi inciampi di routine.

Ora per esempio rimane da risolvere il problema dei tre Super Ospiti a ciascuno dei quali in fase di trattativa è stata garantita, come condizione non trattabile per la partecipazione allo show, l'apertura della serata.

Le tre megastar sono quindi nel proprio camerino, e ciascuna di loro si prepara a uscire per prima. Mancano meno di trenta minuti alla tragedia.

Lo stagista, promosso sul campo autore, ha diritto al primo intervento.

***

Il Dirigente ci convoca segretamente nel bar che si trova a fianco della redazione: dopo essersi assicurato che siamo solo noi e lui in tutto il locale parte subito con una supercazzola per convincerci che quello che ci è appena accaduto è gravissimo, che lui è in grande imbarazzo, che non ha dormito la notte, che stanno facendo un grave errore e comunque si tratta di una scandalosa ingiustizia di cui prima o poi qualcuno sarà chiamato a rispondere.

Al termine dello sfogo dopo una pausa teatrale, gli sorrido e a nome di tutti dico: "Hai talmente ragione che fossi in te mi dimetterei in questo istante".

Ci saluta frettolosamente ed esce dal locale, lasciando i caffè da pagare.

***

Con foga incandescente ci parla di questo clamoroso e originalissimo Format coreano, una bomba già pronta, un sicuro campione d'ascolti semplicemente da riadattare per il pubblico italiano.

Guardiamo il Format, proviamo ad analizzarlo: è uguale a *Pranzo in tv* di Luciano Rispoli del 1983.

***

In un ufficio grande come il Salone delle Feste di Versailles decine di sherpa entusiasti della nota Casa di produzione ci spiegano con dovizia di immagini ed effetti speciali il Format originale salvadoregno, la sua conversione in italiano e le esilaranti prove pensate per i Vip concorrenti, divise in quattro fasi, come il motore a scoppio:

Fase 1. Il concorrente viene purgato a sua insaputa.

Fase 2. Prima che la purga faccia il suo dovere, lo si colloca in un set fatto di tante porte che simulano altrettanti ingressi di un bagno.

Fase 3. Mentre iniziano le contrazioni viscerali lo si informa che una porta si aprirà e lui potrà correre ai ripari, ma solo indovinando la parola d'ordine.

Fase 4. Il pubblico da casa potrà aiutare il concorrente ad aprire la porta giusta, ma se lo detesta si divertirà a farlo cagare addosso.

Arrivato alla Fase 2 ripasso mentalmente l'elenco delle scuse per cui non potrò fare altre riunioni per questa produzione.

***

Per una rubrica che poi sicuramente decideremo di non fare, oggi abbiamo deciso di organizzare un provino alla ricerca di un rumorista.

Tra i candidati si distingue un elegante signore, ferroviere in pensione di Varese, che senza alcuno strumento riproduce perfettamente il rumore della pioggia sul pavé.

Come il fanciullo davanti a una bolla di sapone, m'incanto di fronte alla magia di un momento che non serve a nulla, ma è bellissimo.

***

A pranzo con il Produttore si discute di qualche progetto da piazzare a questo o quel network. Improvvisando come sempre, racconto un paio di spunti, rimasticatura di vecchie idee attualizzate con qualche tecnicismo contemporaneo piazzato a capocchia.

Avverto un leggero senso di colpa perché so che dovrei sforzarmi di più. Poi il Produttore mi racconta che cosa gli hanno proposto altri colleghi in un precedente incontro. E il mio senso di colpa svanisce in un attimo.

Nulla, infatti, potrà mai essere più stupido di uno show che si intitola *Le Olimpiadi dei Vip*.

***

L'esatto istante, un secondo prima delle 9.56 della mattina, quella frazione di tempo infinitesimale che precede la pubblicazione dei dati d'ascolto della sera precedente, in cui non sai ancora se la tua giornata sarà un trionfo o un incubo. In ogni caso, è meglio che cominci a correre in riunione.

***

Mentre scorrono le slide della telepromozione e molti di noi sono già corsi ai ripari fingendo concentrazione ma occupandosi di altro, ho un lampo improvviso e un ricordo vivido di quando ero ragazzino.

Si tratta di una consuetudine di cui non sono mai riuscito a capire quando e come sia nata, ma di sicuro non sarò il solo a ricordarmela. Insomma, nei primissimi anni settanta bastava passeggiare per una via leggermente semiperiferica della mia cittadina di provincia e buttare l'occhio a terra per imbattersi in Loro.

Spinti dal vento o tenuti fermi da qualche ostacolo ovunque spuntavano frammenti di pagine strappati da riviste porno in commercio a quei tempi: "Le Ore", "Caballero", "Cronaca Vera" e talvolta anche pagine scelte di fumetti porno dai titoli leggendari per noi Boomers: "Lando", "Jacula", "Oltretomba", "Corna Vissute"…

Si trattava quasi esclusivamente di ritrovamenti da archeologo del solipsismo: un cazzo di dimensioni extraterrestri, bocche senza volto, grovigli di tette, culi pelosissimi (una caratteristica dell'epoca), vagine dalle enormi labbra al cui esterno e talvolta anche interno circolava di tutto; ricordo perfettamente un distico in bianco e nero di un "Caballero" con una cicciona che si trastullava con una pannocchia di granturco.

A volte si trovavano documenti in cui la foto si accompagnava a brani di testo che raccontavano di pizzicagnoli intenti a portare il salame nostrano a domicilio e di appassionate tenniste impegnate a scoprire nuovi utilizzi della racchetta. Tempi beati.

Rarissimo trovare una pagina intera.

Potessi fare lo stesso ora con le slide di questa telepromozione.

***

Ottimismo: s.m. sentimento verso il quale non devo mai mostrare in riunione alcuna vocazione. (*cit.* in *Enciclopedia del Conduttore televisivo*)

***

Non ho nulla contro Roma, anzi.

A Roma ho vissuto molti anni, e pur abitando ormai da moltissimi anni a Milano continuo a lavorare tuttora nella Capitale con ottimi risultati e circondato da persone interessanti e autorevoli. Non sono riuscito mai tuttavia ad abituarmi al fatto che a Roma ogni pranzo di lavoro si debba trasformare inevitabilmente in un varietà.

Oggi per esempio il tavolo accanto al nostro è occupato da un vociante gruppo nel quale spicca per intenzione e decibel il nostalgico deputato di lungo corso, ex ministro, ex potente che nel tempo intercorrente tra antipasto primo contorno e caffè ha raso al suolo con i suoi insulti squarciagolati senza nessuna considerazione per gli altri innocenti astanti: tutto il cinema italiano, tre quarti dell'arco costituzionale e l'intera popolazione milanese, a suo dire colpevole da sempre del fatto gravissimo di non saper preparare le puntarelle.

***

Lo metto a fuoco mentre mi viene incontro dal fondo del viale in cui ha sede la famosa televisione: esibisce senza ritegno il pirotecnico entusiasmo del televisivo, la postura del corpo già pronta a far esplodere una serie di complimenti fuori luogo, il sorriso di chi si aspetta da me – in questo preciso istante – la soluzione a ogni suo problema, l'abito che racconta di un presente meno glorioso del passato.

Mentre mi si avvicina ne perdo le reali dimensioni e lo vedo muoversi a impercettibili frame come in un lunghissimo ralenti prima della sparatoria finale di un film di Tarantino, e intanto penso: ma io, adesso, cosa gli dico a questo? Ci vorrebbe il cappello delle idee, solo che oggi l'ha preso M.

***

Riunione carbonara – nessuno deve capire cosa bolle in pentola – convocata in un appartamento situato poco lontano dal consueto posto di lavoro. L'interlocutore è sovraeccitato, al limite del nevrastenico.

Mi racconta un'idea di talk a suo dire totalmente nuova e rivoluzionaria che a me immediatamente ricorda un programma della fine degli anni ottanta al quale mi capitò di collaborare.

Non glielo dico, perché so che se anche glielo dicessi non riuscirei in alcun modo a deprimere la sua ingiustificata autostima.

La sua cifra emotiva è l'entusiasmo assoluto verso tutto ciò che lo riguarda. La sua cifra artistica è un mix tra Alberto Angela e il mai troppo compianto Bombolo (con il quale ho lavorato in una lontanissima estate, ma questa è un'altra storia).

Intorno alla sua immagine, comunque popolare, ha costruito un potere contrattuale niente affatto disprezzabile.

Ma decido in quello stesso momento che non lavorerò mai con lui, anche se come sempre gli sto dando la sensazione di non voler fare altro nella vita.

***

"Stretti stretti alla capoccia, i pidocchi fan la doccia."

Verso inedito e spensierato di Fabrizio De André che oggi in riunione Dori tira fuori come una goccia di splendore che improvvisamente illumina di un senso la giornata.

***

Lo scenografo racconta con consumato mestiere, fastidiosa ieraticità, spocchia megalomane e lessico rivedibile il suo progetto: per impressionare i più fragili tra noi dice di essersi ispirato a Escher, ma sia io sia lui sappiamo che in realtà sta provando a rifilarci uno scarto di un vecchio programma. Perché entrambi conosciamo chi lo ha scartato prima che lui lo riproponesse oggi qui.

La perfidia consiste nel fargli raccontare tutto il progetto e attendere il gran finale con svelamento del modellino in legno, quando feroce come il sicario di un cartello della droga di Bogotá ma con la finta cortesia di un immobiliarista di Brera potrò far notare la coincidenza a lui, e quindi a tutti, costringendo lo scenografo a cestinarlo. Almeno fino alla prossima riunione in cui cercherà di piazzarlo a qualcun altro.

***

Prima Legge Fondamentale della Riunione
(detta "Lodo Galeotti-Piccolo")

Rinunciare volontariamente alla pausa pranzo non servirà in alcun modo a evitare neppure una delle numerose seccature della giornata. Non fatelo mai.

***

Stava andando tutto benissimo, la lettura copione procedeva spedita ed efficace.

Poi, senza nessun preavviso, la conduttrice fino a quel momento allegra e reattiva crolla improvvisamente in un pianto irrefrenabile. Di fronte al nostro smarrimento, ci rassicura: l'ineffabile nevrosi non riguarda il nostro lavoro. Lasciando aperta ogni altra ipotesi.

Dalle poche informazioni che abbiamo circa la sua vita sentimentale, che ci dicono ora stanca ma un tempo rovente, si giunge a conclusione che stia soffrendo retroattivamente.

***

Cena milanese post-riunione

Solito parterre eterogeneo, molti personaggi televisivi, uno stilista, giornalisti vari, cuochi, uffici stampa, blogger analfabeti, imbucati vestiti bene, persone presenti a pieno titolo, ma vestite male.

Il titolare del locale sembra contento della tavolata e forse già pregusta i selfie con Vip da postare, ma all'improvviso uno dei commensali lo fulmina:

"Da qualche tempo in questo locale il pesce non è all'altezza".

"Ma come? Il mio fish manager è il migliore d'Europa."

"Se lo lasci dire da me: io sono un designer di chiara fama, in tutti i bagni del mondo c'è un accessorio da cesso disegnato da me e solo quest'anno ho guadagnato 4 milioni di euro. Tuttavia ci tengo a dire in tutta onestà che di design non capisco un cazzo ma di pesce sono profondamente esperto e il suo pesce crudo è infame."

"Se non le dispiace vorrei farla incontrare con il fish manager quanto prima per un confronto."

"Volentieri, sarò lieto di indicargli le location migliori dove rifornirsi."

Un designer, un fish manager, svariate location: si tratta solo di trovare il Produttore e la serie tv sulle inesauribili cazzate di Milano è gia scritta.

***

Per anni, e ogni volta raccontato da una persona diversa con minime differenze, è circolato nelle riunioni milanesi un aneddoto che cominciava con "Quella volta che sono entrato nel cesso di Berlusconi".

***

Aneddoto milanese di fine Novecento

A un concerto di beneficenza che raccoglie il meglio della musica italiana, i due famosi artisti A e B conversano di cose mediamente intelligenti con un piglio degno di miglior causa.

Leggermente in disparte ma in grado di ascoltare, assiste alla conversazione l'artista C, decisamente meno affermato rispetto ai primi due e dagli stessi non troppo stimato.

A: "B, hai notato come ci ascolta C?"

B: "Sì è un po' che lo osservo."

A: "Poverino, sembra che capisca."

(*sipario*)

***

Tornato ad abitare a Milano, ogni mattina per raggiungere la redazione uscivo dalla casa di via Moscova e girando a destra all'inizio di via San Fermo della Battaglia immancabilmente mi fermavo davanti alla vetrina attraente di un negozio che negozio in realtà non era, giacché non vi era esposta alcuna merce con regolare cartellino dei prezzi.

Era piuttosto come la cameretta di un bambino che fosse rimasto tale nel corso di tutto il Novecento e che avesse accumulato lungo il secolo breve i fumetti di tutte le generazioni che si erano succedute, dagli Albi del Vittoriale, alle illustrazioni di Jacovitti, da Mandrake a Pazienza, da Arcibaldo e Petronilla a Linus, da Doonesbury a Dylan Dog.

Lo scrigno del Tesoro per chi, come me, sui fumetti aveva formato la propria educazione e la propria cultura e persino la propria carriera.

L'altra caratteristica di questo negozio-non negozio era che non si vedeva mai nessuno all'interno, e non parlo di un cliente ma neppure di un titolare o almeno di un commesso o di chiunque altro fosse in grado di rispondere a qualche esigenza di chiarimenti o soddisfare l'inevitabile curiosità.

Passò forse un intero anno di queste quotidiane occhiate ora frettolose ora ben ponderate, prima che mi decidessi a fare quello che avevo in mente da tempo.

Una mattina cominciai a picchiare sul vetro del negozio senza insegna e senza negozio in modo composto ma deciso per attirare l'attenzione di non sapevo neppure io chi.

In fondo alla stanza ma in alto c'era un enorme poster di Roland Topor e sotto, piuttosto ben mimetizzata, nel contesto si distingueva a fatica quella che sembrava l'anta di un armadio – ragionevolmente traboccante di altri tesori – e invece era una porta che con mia grande sorpresa si aprì facendo entrare sul proscenio (quell'ingresso sembrava un effetto speciale) un signore, anziano per il me di allora ma con uno sguardo da bimbo arrabbiato perché disturbato sul più bello (di qualunque cosa si trattasse).

Il vecchio-bambino aprì la porta del negozio-non negozio e io non sapevo più cosa chiedere di così importante da giustificare quella intromissione e quella evidente seccatura.

Così fu lui a dirmi di entrare e di restare lì se volevo, mentre lui tornava alle sue faccende.

Io volevo.

Passai al setaccio le avventure dell'Uomo Ombra e di Gim Toro, Ken Parker e Pippo, Pertica e Palla, il Mago Wiz e Bristow, Topolino giornalista e Batman, Charlie Brown e Altan in un crescendo di meraviglia e di felicità.

Come mi era stato detto dal bambino diventato uomo, quando avessi finito sarei potuto uscire da solo, semplicemente richiudendo alle mie spalle la porta, cosa che feci con scrupolosa attenzione.

E fu così che quel giorno non conobbi Giovanni Gandini, il fondatore di Linus.

***

Nona Legge Fondamentale della Riunione

La possibilità di negoziare la collocazione in scaletta con l'artista scritturato è inversamente proporzionale al valore del cachet ottenuto dal suo manager.

***

In ogni riunione, entro i primi venti minuti, si palesa senza motivo apparente uno di quei tizi che per ritrovare la propria serenità ha bisogno di far perdere quella di tutti gli altri.

***

L'incontro con la superstar di Hollywood è perfetto: totale sintonia sui contenuti, da navigato fuoriclasse del cinema ha capito il tipo di intervento che gli sto chiedendo per la serata e anzi di suo aggiunge un paio di trovate molto spettacolari e sicuramente efficaci. Non resta che salutarci e darci appuntamento a domani, dunque: mentre gli stringo le mani confermo che il suo passaggio è previsto per l'orario di massimo ascolto, alle 22.30.

Lui sorride con un'impercettibile smorfia di sorpresa mista a fastidio e mi comunica che il piano di volo già predisposto per l'indomani (è venuto in Europa pilotando il proprio aereo personale e allo stesso modo tornerà a casa) prevede il decollo dall'aeroporto di Nizza alle 20.30.

Cioè circa mezz'ora prima che il programma vada in onda.

Fingo disinvoltura e accolgo la notizia come se fosse la cosa più irrilevante di sempre.

Dentro di me realizzo che sta per cominciare la più lunga partita a poker della mia vita.

***

Oggi, complice il mio amico M. che tutti conosciamo altrimenti come persona seria e dalle opinioni rispettabili, ci è venuta un'idea cinematografica che oscilla tra il totalmente scemo e il totalmente geniale (il confine tra i due campi è spesso labile...).

Molto in breve si tratterebbe di rilanciare alla grande lo Z-movie italiano per eccellenza: *Maciste*. Lo slogan implicito potrebbe suonare così: "Per un paese di serie Z finalmente un cinema di serie Z". La serie parte dal presupposto che, nello sfascio quasi totale del nostro tempo, ci vorrebbe un supereroe (chi meglio di Maciste?) che risolvesse in modo spiccio alcuni nostri problemi, non necessariamente i più gravi.

I primi titoli della serie potrebbero essere:

Maciste contro Gomorra
Maciste contro Trump
Maciste contro il Ku Klux Klan
Maciste contro i Bitcoin
Maciste contro il Tar del Lazio
Maciste contro i Terrapiattisti
Maciste contro la Var.

Caratteristica principale: un'ostentata povertà di mezzi e di trucchi speciali (grande rilancio dei massi di cartapesta che Maciste scagliava contro i nemici nei film anni cinquanta) che è già comica in sé. Senza rinunciare a un lavoro di sceneggiatura su più livelli di lettura, dal popolare al raffinatamente satirico.

Maciste, l'eroe autarchico buono e tonto, è sicuramente pronto per tornare e risollevare il morale degli italiani.

Essendo una stronzata, proseguiamo con entusiasmo a esplorare le infinite possibilità della serie. Per tutta la mattina rimane forte la tentazione di rovinarci la reputazione proponendo al Produttore un'idea così totalmente squinternata.

Poi andiamo a pranzo.

***

Chiunque faccia il, si presenti come, sia convinto di essere

un comico

può contare sulla mia incondizionata solidarietà.

A patto che:

– Dichiari di essere in grado di uscire dal ricatto della battuta.

– Rifiuti la ricerca compulsiva del personaggio da parodiare.

– Non rida prima ancora di aver terminato la battuta.

– Non cerchi di inseguire il pubblico, ma pretenda di precederlo.

Altrimenti, la penale consisterà nella condanna a esibirsi nel girone infernale della risata all'italiana che odora sempre di avanspettacolo di mogli, di suocere e di barzellette, di spiritosaggine da prosecco.

***

All'approssimarsi di ogni Natale, anche quest'anno ho lavorato una settimana per allestire il Presepe. Molti anni or sono ho ricostruito con l'aiuto di un amico Assistente Scenografo il modellino di un grande Centro di Produzione dove con affetto e delicatezza posso posare le tante statuette che custodisco ben protette in una scatola da aprire l'8 dicembre.

Comincio dall'esterno, dove tra ponti coperti della metropolitana e laghetti artificiali vado a sistemare la folla multicolore dei Figuranti e, dietro, Ragazzi e Ragazze che si presentano per il Provino.

Il Portiere alla Reception lo pongo davanti alla porta della Casa di produzione nell'atto di bloccare chiunque non esibisca il Pass.

Due Giornalisti con astuzia li faccio imbucare al sontuoso Buffet dove una piccola folla di Addetti Stampa e P.R. chiacchiera e sbocconcella qualcosa.

Dentro, sistemo qualche Impiegato nell'atto di bere un caffè alla macchinetta e subito accanto agli Ascensori una Segretaria recante un faldone misterioso.

Una statuetta fondamentale è quella della Guardia Giurata, con le mani sulla fibbia della cintura che va spostata di posizione ogni giorno dall'Avvento al Natale in modo che volti sempre le spalle rispetto a ciò che accade.

Ecco i primi Creativi, preannunciati dal Direttore Marketing nella tipica uniforme.

Da qui si entra nella Sala Riunioni, uno spazio grande e poco luminoso dove troviamo dodici statuette, allegoria dei mesi dell'anno e del tempo necessario a finire una Riunione.

Sono disposte intorno a un Tavolo Ovale e partendo dalla finestra metterò: lo Stagista, il Coreografo, lo Scenografo, il Direttore di Produzione, il Capoprogetto con autore giovane in T-shirt spiritosa, autore anziano con Bloc-notes, autrice con Computer, il Regista, la Stylist, il Dirigente, il Conduttore.

Vicino, nella Sala Prove aggiungo a uno a uno il Cabarettista, i Ballerini e le Ballerine, il Direttore d'Orchestra con tutti i componenti della Band, il Cantante, un Prestigiatore, l'Ospite d'Onore, quattro Giurati, l'Attore, la Valletta.

Ogni anno aggiungo una nuova statuetta fatta fare appositamente: quest'anno toccherà al Runner di Deliveroo fissato nell'atto di consegnare il pranzo.

Tutte le Statuette guardano in direzione dello Sponsor che brilla luminoso nel cielo trapuntato di stelle indicando ai tre Direttori di Rete la strada verso la Saletta Riservata.

Questa va completata il giorno della Vigilia, quando accanto al Presidente e all'Amministratore Delegato si deposita con emozione il Format.

Buon Natale, mio piccolo adorato mondo.

***

Saltano ospiti a ripetizione, bisogna fare urgentemente il punto della situazione.

Bussiamo alla porta del Conduttore che ci apre, ci guarda, decide che siamo in troppi e con troppi problemi per cavarsela in poco tempo e sbotta: "Eh no, proprio adesso che inizia *Un Posto al Sole*. Ci vediamo tra mezz'ora".

Un Posto al Sole batte trasmissione 3-0.

***

Un intero pranzo per convincere il giovane Produttore che non intendo in nessun modo e per nessuna ragione al mondo lavorare a questo programma.

Tentativo inutile: di fronte ai motivi inattaccabili propri della filosofia cartesiana con cui cerco di spiegare l'inutilità del contributo di un autore in un progetto che è per sua natura ostile alla presenza di qualsiasi necessità creativa originale, il Produttore incravattato rispondendo con la logica simbolica di Leibniz continua a dirmi: "Ma io ci tengo moltissimo a te, ti ritengo la persona necessaria per questo progetto, lo devi fare tu proprio perché non c'è niente da fare ed è già tutto deciso".

Mi viene voglia di dirgli di sì.

***

Restano a oggi sconosciute le ragioni per cui un brutto Format straniero di 50 minuti deve diventare un orrendo programma di tre ore da noi. Il pubblico italiano è tre volte più resistente di quello straniero?

Abbiamo il triplo del cattivo gusto?

Ci mettiamo tre ore a capire quello che gli altri capiscono in una?

***

A casa del Protagonista. Divano comodo.

Seduti di fronte a lui ascoltiamo la sua tesi riassumibile in:

"Per uscire dalla mia crisi artistica devo lavorare da solo su di me. Voi dovete essere spettatori e ridere delle mie invenzioni. Ma per ridere delle mie battute non dovete conoscerle".

In un clima surreale ci ha quindi appena licenziati in quanto autori dello spettacolo al quale lavoriamo da settimane, riassumendoci come spettatori.

Senza sospettare di averci regalato il primo momento di reale felicità da quando abbiamo iniziato a occuparci di questo progetto.

***

Siamo alle prese con uno snodo delicato della scrittura di una sitcom alla quale stiamo lavorando da qualche settimana. Scopro improvvisamente, da una telefonata casuale che aveva tutt'altro oggetto, che il protagonista della serie – sulle cui caratteristiche fisiche e professionali abbiamo già scritto interi copioni – è cambiato, senza che nessuno abbia considerato la possibilità di comunicarcelo. Non si tratta più del famoso artista romano, da oggi è diventato l'emergente comico milanese.

Poco male. Cambiando l'ordine dei protagonisti, il disastro non cambia.

***

Oggi, ma anche domani dopodomani e per tutti i giorni a venire, si festeggia la Giornata Mondiale della frase "XY (inserire nome a piacere) non è adatto per il pubblico di Rai Uno".

***

La puntata, blocco dopo blocco, numero dopo numero si è allungata a dismisura oltre i termini della scaletta e ha accumulato ormai un ritardo scandaloso, ma la famosa cantante venuta dall'estero deve ancora esibirsi.

Vestita di scena da almeno due ore, attende sempre più nervosamente il momento di esibirsi, mentre scorrono sul video di fronte a lei le immagini della diretta che rimandano esibizioni francamente non indimenticabili, e di cui lei si chiede probabilmente il motivo dell'urgenza rispetto alla sua.

Nessuno ha il coraggio di dirle che il suo passaggio dovrà essere cancellato, anche perché l'irascibile marito manager è nei paraggi, giustamente sospettoso del mondo dello spettacolo in generale e del contesto italiano in particolare ed è con ogni evidenza pronto a dare di matto.

Qualcuno suggerisce un ignobile trucco che pare abbia funzionato in passato in analoghe situazioni: fare esibire lo stesso la cantante fingendo che il programma sia ancora in onda anche se in realtà si trasmette già il telegiornale.

Il vergognoso inganno sembra a tutti la soluzione migliore, ci si divide tra chi va a prendere la cantante, chi deve distrarre il manager, e chi cerca di trattenere il pubblico che vuole andare a casa.

E la sventurata cantò.

***

La riunione, convocata per le 10, non è ancora iniziata a mezzogiorno inoltrato. In questi casi si prova a ragionare di possibili idee da sviluppare in attesa che vengano cestinate all'arrivo della Star.

***

Avvertenza: i cestini distribuiti per la pausa pranzo di questa produzione sono stati più volte rifiutati dai prigionieri politici delle carceri turche.

***

Oggi ho ritrovato un elenco dei partecipanti al mio funerale redatto nel 2002.

Dei 40 nomi scritti allora ne ho eliminati 25, venticinque ex amici amicissimi che so per certo non si presenterebbero domani ad Albissola Marina per le esequie.

In questo conteggio dei dispersi resto però incerto su un paio di nomi. Proverò oggi stesso a contattarli: dal tono della loro risposta deciderò se procedere al reintegro nell'elenco o depennarli definitivamente.

Mi riceve in mutande nel suo camerino. Il dettaglio estetico è importante perché la tensione che si sta creando nella stanza rimbalza di continuo nel grottesco e mi impedisce di concentrarmi su ciò che mi sta dicendo.

Chiede specifiche riguardo all'intervista che dovrà fare di lì a poco al noto artista. Lamenta di aver dovuto apportare correzioni durante la notte. Mi dice che siccome sono un superprofessionista devo consegnare un lavoro definitivo lamentando la mancanza delle risposte all'intervista consegnata.

Rispondo che avendogliela consegnata da tre giorni bastava leggerla prima e poi correggerla, se necessario, insieme.

Mi ridice che siccome sono un superprofessionista non accetta da me un copione non definitivo, ovvero non comprensivo di risposte.

Cercando di non farmi distrarre dall'elastico delle mutande pericolosamente sceso, rispondo che mentre le domande sono ovviamente formulate da me, le risposte in teoria appartengono all'interlocutore e difficilmente posso anticiparle. Ne approfitto per segnalare che sarebbe opportuno, qualora una delle risposte fosse di particolare interesse – tipo "questa mattina ho decapitato il mio maggiordomo e messo a bollire la sua testa" –, non passare automaticamente alla domanda successiva, ma cercare di approfondire.

In ogni caso, concludo, il percorso dell'intervista è scritto in modo da poter parare ogni tipo di conversazione.

Mentre penso che non metterei mai quella marca di mutande, mi contesta di aver usato l'aggettivo "longevo" che lui non userebbe mai.

Suggerisco di modificarlo in "leggendario" per uscire dal concetto di tempo. A "leggendario" impazzisce e butta i pantaloni appoggiati su una poltrona contro la finestra. Non avendo altri indumenti a disposizione temo che possa lanciare le mutande dopo averle sfilate, ma per fortuna entra il Produttore, donna di sana e robusta costituzione che cerca di contenere a parole le intemperanze dell'esagitato in mutande che nel frattempo chiede un confronto tra un mio copione e una sua intervista per dimostrarne le differenze.

Lo informo che risultando lui, ancorché incongruamente, un giornalista e non un caratterista da soap opera, è del tutto ovvio che non reciti un copione ma lo usi come strumento sul quale esercitare la propria sensibilità.

Nel dirlo temo che si possa sfilare anche le mutande, ma non lo fa.

Ribadisco per chiudere la discussione segnando un punto a mio favore come sia del tutto naturale che dell'intervista non si limiti a ripeterne a pappagallo soggetto predicato e complemento ma possa modificarne parole e persino avverbi pur nel rispetto del contenuto generale.

A questo punto si riveste appena in tempo per la diretta.

Lo seguo in studio con uno sprezzo del pericolo molto ammirato dagli astanti.

Durante l'intervista usa l'aggettivo "leggendario".

***

Bevo finalmente un bicchiere di vino ristoratore.

È un assemblaggio fatto per l'ottantacinque di uve Syrah e per il quindici per cento di Petit Verdot.

I rapporti di forza tra i due vini sono evidentemente squilibrati a favore del primo ma attenzione: quel piccolo quindici per cento contribuisce in maniera decisiva al successo di quel vino, alla esatta riuscita del tutto.

Il quindici non deve mai dimenticare che deve tutto all'ottantacinque.

Ma quest'ultimo deve avere sempre ben presente che non avrebbe quel successo senza il quindici.

Nelle coppie che frequento (parlo del mio lavoro, l'amore non ammette percentuali) accade spesso che i rapporti di forza corrano su queste cifre, ma è molto più difficile durare negli anni come accade ai vini.

Ci vuole molta pazienza da parte del Quindici, e molto equilibrio da parte dell'Ottantacinque.

La parola chiave, anche in questo caso, è assemblaggio.

In tutte le coppie professionali che ho conosciuto e con le quali ho collaborato in tutti questi anni mi sono sempre reso conto della grande fortuna che si nasconde dietro un'alchimia precisa: le due maturazioni personali separate, anche nei casi in cui si cresce insieme, determinano nei due elementi della coppia un diverso approccio alla vita, una visione distinta, un punto di vista non simmetrico.

Bene, perché sarà la somma delle distinte maturazioni a dare forza, nell'assemblaggio, al prodotto finale che sarà più ricco, più vario, più interessante, più sorprendente.

Per loro e per il pubblico.

E anno dopo anno i frutti del lavoro di coppia saranno ancora più buoni perché arricchiti da sempre nuove esperienze da un'ulteriore maturazione, e la complicità tra i due sarà tale da rendere l'assemblaggio armonioso, completo, perfetto e apparentemente indissolubile.

Così che quello che uno pensa l'altro simultaneamente lo dice, e si ride e si piange e ci si arrabbia delle stesse cose, e quasi sempre non c'è bisogno di dire di più perché basta uno scambio di sguardi.

Il che, tradotto in uno sketch, in un film, in una commedia, in un programma televisivo, in una canzone, ha evidentemente il suo perché.

Poi è chiaro, come nel vino anche nel lavoro di coppia c'è l'annata buona, quella eccellente, quella del secolo, e c'è anche quella mediocre e ovviamente quella da dimenticare.

E prima o poi, con imperdonabile ma matematico errore,

la coppia si stanca e comincia a cercare nuove alchimie, nuove componenti, un nuovo assemblaggio.

Cosa succede?

Ottantacinque rimprovera a Quindici di essere conservatore e di non voler mai tentare strade nuove, Quindici ricorda a Ottantacinque gli errori fatti ogni volta che si è abbandonato il proprio percorso.

Le due maturazioni sono separate in tutti i sensi e, quando si arriva al nuovo assemblaggio, ciascuna delle due parti rivendica un altro, dal suo punto di vista migliore o più consono al nuovo stato d'animo o diverso tout court, trattamento.

E l'enologo di turno (cioè il disperato autore come me che ha il delicato compito di trarre il miglior risultato possibile dai talenti a disposizione), pur di non disperdere quel prodotto così buono e che tante soddisfazioni potrebbe ancora dare, prova a mediare, incoraggia, smonta, riassembla, s'incazza, minaccia, poi cede sfinito ai deliri di Ottantacinque e Quindici e aspetta rassegnato l'arrivo della catastrofe.

Cominciano le richieste strampalate, le liti sui trattamenti economici, i capricci provocatori, le riunioni separate, i pettegolezzi, gli equivoci, che poi si ingigantiscono, le piccole sgarberie e poi le liti, la successiva freddezza e gli inutili tentativi di riconciliazione da parte degli amici.

Intanto i camerini fino al giorno prima comunicanti si allontanano di almeno un corridoio, Ottantacinque comunica solo per interposto agente e Quindici esclusivamente via mail.

L'autore/enologo impotente proclama allora lo stato d'emergenza: al termine di una memorabile riunione plenaria in presenza del Produttore arriva la necessaria presa d'atto che qualcosa si è rotto in modo irreparabile e che la coppia alla fine di questo contratto smetterà di lavorare insieme.

Quante volte in tutti questi anni mi è capitato di assistere a questo processo di assurda necessità di frantumazione, giustificato dall'eccitata voglia di cambiamento di una o di entrambe le parti.

Ma non si possono cambiare le componenti, e neppure con minimi scarti sperimentali le percentuali, senza cambiare anche il risultato finale.

E non sempre il nuovo assemblaggio fa dimenticare il precedente.

Anzi.

Quando compro una bottiglia di questo vino lo faccio proprio perché cerco quel determinato sapore, perché mi piace la profondità di questo colore rosso rubino, lievemente granato. Perché, quando lo verso nel mio bicchiere come in questo istante, forma delle lacrime che scendono con mirabile lentezza lungo le pareti del calice e dopo averlo bevuto mi posso godere ancora una volta un finale molto persistente con lunghi e puliti ricordi di gag ben fatte, risate, applausi.

***

Alcuni Centri di produzione sono costruiti in luoghi talmente brutti, con materiali così scadenti e architetture così disgustose da dover essere considerati i cimiteri naturali della fantasia e delle idee. Alle volte desidero finire lì dentro i miei giorni, di modo che il passaggio alla morte sia inavvertibile.

***

Gli uomini politici di questo Paese considerano la tv pubblica come una loro sede distaccata, un ufficio del quale possiedono la copia delle chiavi, e i programmi come una location alternativa cui accedere in caso di bisogno.

Vivono con sgomento la scoperta che il tale programma non sia di loro proprietà.

***

Gentile Michelle Obama,
faccio seguito alla Sua mail di risposta alla mia del mese scorso avente per oggetto l'invito come ospite d'onore della trasmissione in oggetto. I Suoi impegni, Lei dice, Le impediscono di prendere parte allo show prima del 2076, il che escluderebbe la possibilità di averla nostra ospite la prossima settimana come da nostro desiderio.
Alcuni miei colleghi ritengono che il Suo sia un modo gentile per dire che non ha nessuna intenzione di partecipare al nostro programma, mentre io credo assolutamente alla Sua versione dei fatti. Pertanto Le comunico formalmente che sono disposto ad aspettarLa per quella data chiedendoLe nel frattempo un collegamento audio-video che si potrebbe organizzare dal Suo giardino mentre semina i prodotti di stagione. Sarebbe un modo divertente ed efficace per lanciare il Suo successivo intervento che potremmo contestualmente annunciare in diretta.
Resto in fiduciosa attesa di un Suo riscontro.

***

Improvvisamente, i due colleghi litigano furiosamente. Sono autori di fiction, e la discussione divampa in pochi attimi in uno scambio buono per il loro copione. Se chiudi gli occhi hai l'impressione di assistere in diretta alla trilionesima puntata della serie che da tempo immemorabile scrivono insieme.

A un certo punto lui rimprovera lei di non si capisce bene quale sgarro, al che lei prende una lunghissima pausa prima di sentenziare: "Tu hai frugato nei miei sentimenti".

Per nulla intimorito, lui la guarda con occhio serpigno e spara la battuta che chiude gioco set partita:

"In un'educazione sentimentale si è scelti, non si sceglie".

Non sono sicuro, ma mi è parso di scorgere che subito dopo nella stanza sia partita l'interruzione pubblicitaria.

***

È arrivato il momento di pagare il conto, dopo tutti questi magnifici anni.

Non torneranno quelle riunioni di primavera, sotto il pergolato della trattoria. Eravamo tutti più giovani, forse più intelligenti, certamente più spiritosi.

Eravamo in pochi.

Parlavamo per ore, spesso contemporaneamente, finché non saltava fuori lo spunto giusto: un titolo, un'idea, un trattamento. Eravamo riusciti nell'impresa di infondere magia al nostro lavoro, tanti piccoli trucchi affinché da una tovaglia a quadretti potesse spuntare un piccolo progetto di bellezza.

È stato un periodo incantato che non tornerà, questo lavoro non è più competenza di artigiani più o meno sapienti, più o meno colti, più o meno illusionisti.

Ci hanno spiegato, mentre sparecchiavano la nostra tavola, che la televisione è un'industria, risponde a regole e conti economici. Mi verrebbe da dire che lo sapevamo anche noi, e infatti quei prodotti reggono ancora alla prova del tempo e saprebbero far quadrare ogni bilancio.

Ci hanno detto che noi vecchi dinosauri non serviamo più, costiamo troppo e non rendiamo in proporzione.

Così hanno chiuso la trattoria, il pergolato in breve tempo è morto e ciascuno di noi ha preso altre strade.

Ci estingueremo, ma avendo mangiato, bevuto e vissuto benissimo.

***

Ci viene comunicato ufficialmente che la Rockstar pretende nel suo camerino, da contratto, una esatta quantità di Smarties perfettamente divisa per colori:

tot gialli in un recipiente, in un altro quelli rossi, un terzo solo per i marron.

Sono entusiasta non tanto per l'eccentricità in sé, quanto per il feroce divertimento che proverò quando tra poco dovrò assegnare a qualcuno il prestigioso incarico di provvedere alla divisione degli Smarties.

***

In una riunione di redazione i più deboli per carattere o curriculum sono sempre quelli che cedono di schianto, senza preavviso. E così anche l'apparentemente timido e gentile G. esplode in uno "sto spiegando!" carico di tensione e livore verso chi lo ha interrotto nella sua – invero faticosa – spiegazione.

Incidente da nulla, se non spiegasse con precisione l'esatto momento in cui si realizza di non essere all'altezza di quello che si sta facendo.

***

Le Due Leggi Fondamentali della Riunione sono:

Entrando nella Sala Riunioni non potrai fare a meno di notare che il numero delle sedie attorno al tavolo è sempre inferiore di una unità al numero dei presenti.

L'energia necessaria a confutare la prima cazzata sparata in Riunione è di grandezza infinitamente superiore a quella necessaria a produrla (altrimenti detta "Legge Brandolini").

***

Si avvicina nero e minaccioso, come quei nuvoloni d'agosto che annunciano la fine dell'estate, il momento in cui ci verrà comunicato ufficialmente che per lo speciale su XY persino XY è in dubbio.

***

Perché vale la pena stare in riunione oggi? Per sentire Carlo Fruttero che con uno studiato, inimitabile filo di voce dice a proposito della sua eleganza: "Non sono giovane, non sono abbronzato, non sono bello. Così ho scelto uno stile disabile chic".

***

Il Direttore d'orchestra ci attende elegantissimo nel camerino allestito seguendo alla lettera i suoi leggendari capricci.

Durante il percorso di avvicinamento abbiamo provato e riprovato decine di volte il discorso che uno di noi dovrà fare:

"Maestro... Eccellenza... Santità,

ci rendiamo conto della deprecabile richiesta di cui ci facciamo portatori ma purtroppo le esigenze della Tv talvolta, per non dire sempre, confliggono con l'Arte che lei rappresenta con la A maiuscola... e ciononostante siamo costretti a chiederle in via del tutto eccezionale un piccolo, crediamo non significativo, taglio all'esecuzione del brano da lei diretto...".

Il fatto è che durante le prove il Maestro – che dopo anni di serratissimo corteggiamento si era finalmente convinto a suonare in diretta tv con la sua orchestra – aveva eseguito la rarissima versione integrale di un noto brano sinfonico della durata apocalittica per la prima serata televisiva di 12 minuti.

E immediatamente dopo le prove si era richiuso in camerino con la sua corte di assistenti, portavoce, amanti, semplici conoscenti.

Noi dallo sconcerto si era immediatamente passati a una riunione di emergenza: il brano tutto compreso (presentazione, applausi...) non poteva superare da scaletta i 4 minuti.

Non restava che comunicarlo al Direttore d'orchestra noto in tutto il pianeta per le sue leggendarie sfuriate.

Ed eccoci io e M. a percorrere il miglio verde che ci separa dalla nostra implacabile, lunghissima, stordente umiliazione pubblica.

"...Siamo certi che lei capirà il nostro profondo imbarazzo nel comunicarle questo fastidioso inciampo..."

La porta del camerino è aperta.

"...si tratterebbe di un taglietto di... non più di 8 minuti circa... che lei sicuramente saprà individuare senza perdere nulla della maestosità del brano..."

Ormai non resta che entrare nel luogo della nostra esecuzione.

Il Direttore d'orchestra ci introduce con un cenno nel camerino mentre mangia svogliatamente dei gamberoni rossi di Oneglia poggiati a migliaia in uno sferisterio di ghiaccio.

Poi dopo averci servito alcune preziosissime ostriche di Bluff, le più ricercate del mondo, si apre in un sorriso a detta di tutti i suoi conoscenti inconsueto e dice:

"Allora, ragazzi, volevo dirvi che sono molto soddisfatto: le prove con l'orchestra sono perfette per me".

Qui il Gigante fa una pausa teatrale in cui noi dovremmo infilare il nostro disperato tentativo, ma lui ci precede: "Dovete solo dirmi se del brano per stasera volete la versione Long che ho fatto in prova o Short che dura un terzo".

M. e io assaporiamo insieme all'ostrica il momento in cui

racconteremo con dettagli inventati l'impresa impossibile di convincere il temutissimo Maestro a tagliare il pezzo.

***

È molto difficile lavorare per un ventriloquo, soprattutto se non sai come potrebbe reagire il pupazzo alle tue battute.

***

A bruciapelo parte con un anatema contro questo proliferare di comicità istantanea, immediata, a badilate, a tonnellate.

"Noi che facciamo questo mestiere," dice, "noi non siamo capaci di resistere – perché questo sarebbe il nostro compito, un compito di *resistenza* – a questo schema penalizzante e perdente. Noi che diciamo sempre 'non facciamo un mestiere serio, ma lo dobbiamo fare seriamente' ci smentiamo ogni giorno costretti come siamo a inseguire pedantemente e pesantemente questa voglia, questa necessità di essere brillanti sempre, subito, un secondo dopo. Se Tizio dice una cosa, io ho l'ansia di dirne una più bella... Ma la comicità è un mondo in cui devi creare una situazione, devi essere lento, devi essere persino 'faticoso'. E questo procedimento che stiamo abbandonando è necessario, perché è l'unico che ti porta non a una battuta finale, ma a una risata che apre mondi.

"Dobbiamo resistere allora, perché altrimenti finiremo per essere quello che si vuole noi si diventi: degli stenografi brillanti."

Poi tace, e il Capostruttura ne approfitta per chiedere se è pronto il copione.

***

Il casting (Omaggio ad A.C.)

Personaggi:
L'Autore
Il Dirigente
Il Regista
Il Funzionario
L'Attore

La scena si svolge in un teatro di posa. È in corso il Casting per un ruolo da Attore.

Il ruolo per cui si cerca un attore è quello di un brillante e giovanissimo manager fondatore di una startup innovativa che gli ha già fruttato una ricchezza inestimabile pur avendo solo venticinque anni.

Lo spazio è vuoto tranne che per un enorme cartellone alle spalle del tavolo che sintetizza i requisiti richiesti per il ruolo. Maschio, Simpatico, Eleganza esibita, Buona conoscenza dell'inglese, venticinque anni max.

L'Autore, il Dirigente, il Regista e il Funzionario sono seduti lungo il tavolo e stanno consultando al computer una serie di immagini dei provini precedenti, alla ricerca del protagonista perfetto.

L'Attore, nel disinteresse di tutti, entra in scena e si dirige alla sedia collocata dalla parte opposta del tavolo.

Si siede. Resta in attesa. I suoi interlocutori non lo degnano di uno sguardo e continuano a parlottare tra di loro di questo o quel candidato.

Finalmente, continuando a non alzare lo sguardo, qualcuno degli esaminatori rompe il ghiaccio.

FUNZIONARIO: "Nome?"
ATTORE: "..."
FUNZIONARIO: "Altri lavori prima di questo?"
ATTORE: (*inizia un interminabile elenco di film*)

Durante l'elenco all'unisono gli esaminatori alzano lo sguardo e dalle loro cose lo trasferiscono sull'Attore.

REGISTA: "Età?"
ATTORE: "Sessantacinque."
(*sipario*)

***

Il rapporto tra creazione artistica e dipendenze di varia natura è stato abbondantemente indagato sia in letteratura sia nelle aule dei tribunali così da non richiedere in questa sede ulteriori approfondimenti. Da parte mia posso in totale serenità affermare che vuoi per combinazione, per ingenuità, per miopia (tra l'altro piuttosto accentuata nel mio caso), per disinteresse, per snobismo o per altri motivi non meglio precisati se anche qualcuno dovesse aver abusato di sostanze stupefacenti nei miei paraggi non me ne sono mai accorto, così come non ho mai riscontrato miglioramenti evidenti nelle prestazioni professionali tanto da farmi sospettare un uso alternativo della chimica da parte dei miei colleghi. E, in alcuni casi, lo avrei capito.

Nelle conversazioni informali, infatti, creo sempre grande delusione (e talvolta un fastidioso sospetto) quando dico che secondo me nello spettacolo la droga non esiste.

Esiste invece in ogni riunione una quota non trascurabile di intenditori e consumatori di cocktail, alcuni dei quali in grado persino di elaborare nuove possibili combinazioni di bevande alcoliche, magari sfruttando con fantasia e competenza i resti di vecchi liquori, residuo di antiche feste di produzione che spesso riemergono da qualche armadio o riappaiono spostando un polveroso faldone.

La specialità di P. per esempio è "La Scaletta", un classico cocktail da aperitivo da consumare mai prima delle 18, mai dopo le 20, inventato negli anni novanta grazie a un prezioso rinvenimento alcolico nella sede di una casa di produzione milanese.

Ingredienti della "Scaletta":
Moscato dolce, Bitter Campari, due gocce di angostura.

Preparazione:
In un bicchiere grande (Tumbler) riempito di ghiaccio versare ¾ di Moscato e ¼ di Bitter, mescolare il tutto con la penna del Capoprogetto, aggiungere l'angostura e guarnire con il Logo della Società di produzione in guisa di bandierina.

L'abilità del bartender sta nel preparare il cocktail quando il Produttore esce dalla stanza in modo che tutti possano bere prima del suo rientro.

Di questo squisito cocktail, da accompagnare con frugali finger food, esiste una versione più strutturata, non a caso denominata "Il Copione", che prevede rispetto alla ricetta originale l'aggiunta a piacere (più spesso a richiesta) di gin.

Si dice, ma non ci sono prove certe, che con un paio di "Copioni" un autore junior possa arrivare a scrivere una quindicina di snodi e tutte le parti di product placement.

Per un autore senior, preparare o veder preparare una "Scaletta" o un "Copione" durante una riunione è segnale di grande affiatamento e spesso indice di riuscita del programma.

***

Il Ministro è un omino irascibile e volgare che incarna senza sfumature il potere ottuso, da esercitare continuamente su tutti quelli che incontra, considerandoli senza distinzione suoi sudditi. Un coacervo di sgradevolezze e pericoli.

A quelli come lui possiamo solo consegnare il nostro assoluto e non trattabile disprezzo. E almeno due domande trabocchetto per fargli fare una clamorosa figura di merda.

***

Pausa pranzo al solito Ristorante: spero con tutte le mie forze che oggi il Cameriere non si avvicini al nostro tavolo con il tovagliolo sull'avambraccio e il sorriso di circostanza per porgere la frase standard "È tutto di vostro gradimento?" perché non saprei rispondere della mia reazione.

***

In una riunione media convocata per le 10 il tempo necessario a esaurire la fase in cui tutti i partecipanti si abbracciano tra di loro per poi sedersi e iniziare a discutere è appena sufficiente a dichiarare la sospensione dei lavori per sopraggiunta pausa pranzo.

***

Quinta Legge Fondamentale della Riunione

Il picco d'ascolto della trasmissione cui stai lavorando coincide immancabilmente con quello che giudicavi il minuto di televisione più brutto mai visto in vita tua.

***

Gli eterni personaggi fissi del Presepe vivente chiamato "mondo dello spettacolo" hanno idee perentorie e sicure. Mai dubbi né margini di errore possibili. Per questo, non per le sciocchezze che sostengono, fanno paura.

***

Report di oggi:

Lo Sportivo risponde lunedì, il Politico non viene, l'Attore risponde questa sera ma preferirebbe un'altra data.

Il Cantante è disponibile ma il Conduttore non lo conosce. Quindi l'unica confermata è la showgirl ormai nota ai redattori di tutto il mondo come "quella per cui non mi viene in mente neanche mezza domanda".

La riunione dunque sta per infilarsi pericolosamente nella fase detta "di stallo" che può durare anche sette ore filate senza che venga più pronunciata una sola parola, per paura di sbagliarla ed essere cazziati o, nei casi più fragili, licenziati.

Improvvisamente con quella informale assurdità che fa da ombrello a ogni riunione, uno dei presenti annuncia:

"Ah, dimenticavo... nel pomeriggio è arrivata via mail la disponibilità di Kobe Bryant".

Era il coronamento di un inseguimento partito anni prima, quando eravamo autori. Si materializza una folata di soddisfazione che agita lievemente i fogli scarabocchiati sul tavolo.

Kobe Bryant, il Black Mamba dell'Nba, una leggenda dello sport e non solo. Con un passato italiano che renderebbe l'intervista di straordinaria intimità.

Kobe Bryant, un gigante in ogni senso.

Alle nostre spalle sentiamo all'improvviso un cumulonembo di rancore, ignoranza espansa, ottusità bovina che sale fino al neon plafonato del soffitto e si converte rapidamente in pioggia radioattiva, bagna i fogli di prima e strappa quelli ancora bianchi.

A seguire, una voce nota.

Una voce che, pur dismessa con ogni evidenza dalla sua bocca, è in tutto e per tutto quella di un personaggio di terza fila del *Signore degli Anelli*, fastidiosa, invadente, inutile al punto giusto da essere perfettamente coerente con i pensieri che esprime, purtroppo ad alta voce:

"Kobe Bryant? A chi può venire un'idea così stupida? Perché lo avete chiamato? Non lo conosce nessuno!".

Poi solo un interminabile silenzio colmo di angoscia.

La finestra da poco chiusa si spalanca da sola all'improvviso come a rifiutarsi di contenere una simile cazzata per più di qualche milionesimo di secondo, i fogli volano all'impazzata per la stanza, i computer si spengono all'unisono e anche la macchina del caffè esala l'ultimo schifoso moccaccino, mentre i nostri sguardi si rincorrono a lampi come in un film di Sergio Leone.

Ma al contrario di quello che succede negli spaghetti western, qui e ora vince il Cattivo.

***

Epitaffio

"Vorrei chiudere questo incontro ricordando a tutti i convenuti che ricorre proprio in questa giornata il ventennale della scomparsa della cortesia, dell'educazione e del buon gusto in riunione.

"Ricorrenza che noi, oggi come avrete agevolmente potuto constatare, abbiamo abbondantemente contribuito a celebrare."

***

Se ripenso alle proposte ricevute negli anni, alla mia angoscia successiva al ricevimento della proposta, al sollievo che provavo subito dopo averla rifiutata, posso dire con sicurezza che il rifiuto è la mia condizione ideale.

***

Tema della riunione di oggi:

Meglio puntare in alto e mancare il bersaglio o mirare in basso e assecondare lo spettatore?

***

Maltusiani a tema, omaggio futurista

È l'Autore quella cosa
"Ho l'idea, è tutto a posto"
"Ogni idea accende un costo"
gli risponde il Produttor.

È il Format quella cosa
Che propone il Dirigente
Tu rispondi "È avvilente"
Ma il Format fai lo stess.

***

Ricevo una telefonata. Mi sembra provenire direttamente dagli anni ottanta, dallo studio P2 di via Asiago in Roma (non c'è più). La voce del mio interlocutore non solo viene dal passato ma evidentemente è alterata. Mi parla di progetti e fidanzate come allora. Gli anni sono passati invano per lui. Anche per me?

***

Non sopportava alcun disturbo sonoro durante le riunioni.

Lo scoprimmo con un certo sgomento il giorno in cui si alzò di scatto dalla sedia e dopo aver detto con educazione: "Scusate un istante" cominciò a battere furiosamente i piedi e poi a saltare freneticamente sul pavimento per disturbare il vicino reo di suonare il pianoforte. Fino a ottenere la sua resa incondizionata.

***

Ancora una volta l'uomo politico ha subìto una sconfitta. Ospite in trasmissione, ne era talmente consapevole da essere, per la prima volta, veramente efficace. Non è facile scegliere sempre la tesi sbagliata e difenderla con tanta convinzione. Nel salottino rosso assegnato agli ospiti di rilievo cerca gli sguardi dei suoi interlocutori, punta gli occhi sui nostri occhi. Vuole conferma dell'ammirazione che le sue idee e la sua intelligenza devono suscitare sempre negli altri.

Un lampo ne attraversa di continuo il volto e si trasforma in ghigno quando mette a segno una cattiveria, arguta. Subito dopo possiamo ridere anche noi. È Rockerduck, senza bombetta da mangiare.

***

Parlo con P., è in vena di malinconie:

"Che bella l'età della vita in cui pensi che ogni cosa sarà per sempre: il mio amico, per sempre, il mio film di sempre, la storia d'amore, qualunque cosa per sempre".

"Ma non è così la realtà, lo sai."

"E allora *per sempre* bisogna respingere il momento in cui ci accorgeremo che il sempre non esiste, che tutto cambia, che tutto si esaurisce, che tutto si cancella."

***

Prima che si stabilisse con fermezza la non trattabile abitudine di pranzare e cenare in trattoria, abitudine mai più abbandonata nei decenni successivi, ci fu un'epoca tragica in cui gli autori fuori sede del programma quotidiano decisero di cucinare in casa, o meglio in residence.

Per ragioni mai effettivamente indagate il Residence scelto per quella stagione era lontanissimo non solo dagli studi dove si registrava il programma ma anche dal centro di Roma e risultava totalmente isolato persino all'interno del suo quartiere di competenza. Gli autori lo raggiungevano e ne evadevano solo grazie a una Dyane 4 celestina del '79 con cambio al volante, presa in affitto da colleghi romani in vena di scherzi.

Fu in quel luogo e in quel periodo di aspra detenzione che fu perfezionata la versione "da autore" della pasta alla matriciana.

(Scrivo matriciana e non amatriciana perché seguo la lezione di Aldo Buzzi secondo cui "gli incolti dicono alla matriciana, e le predilezioni degli incolti hanno, come è noto, grandissimo peso nelle questioni della lingua".)

Questa romantica versione della matriciana altrimenti nota come "Pasta in Trasferta" si caratterizza principalmente per la totale incongruità degli ingredienti rispetto alla versione originale. (TLa avrebbe detto che il prodotto finale rappresenta l'emulazione fallita di un modello alto.)

Per pura notazione di cronaca elenco qui di seguito gli ingredienti necessari, con la necessaria avvertenza di non provare a replicare la ricetta:

– Pasta di bassa o nulla qualità nella proporzione 1=250 gr.

– Al posto del guanciale, affettato trovato in frigo nella sua confezione di plastica (vale tutto, anche la bresaola e, nelle occasioni più disgraziate, persino la fesa di tacchino, alla disperata anche solo la plastica).

– Qualunque tipo di formaggio che non sia pecorino, compresi formaggini, anche già morsicati.

– Un peperone, ma anche una cipolla o delle olive o altro sostituto del pomodoro curiosamente mai comprato.

Scaldare nella padella l'affettato dopo averlo arrotolato e tagliato a pezzi grossi, aggiungere a caso le olive o la cipolla o il cappero, o tutto insieme.

Quando la cottura è sbagliata e la pasta forma un unico blocco, scolarla nella cofana e amalgamarla a lungo con i formaggini fino all'indistinguibilità dei due ingredienti.

Se all'assaggio del condannato risultasse comunque commestibile, servire in tavola senza aggiungere il contenuto della padella, che per chi ancora avesse un filo di appetito, può andare a imbottire una vecchia ciriola romana.

***

La mia prima festa di fine produzione mi colse di sorpresa a metà anni ottanta. Non potendo aspirare in famiglia a un insegnamento sulle regole di abbigliamento che andasse oltre "l'importante è che le mutande siano pulite" e non avendo di conseguenza maturato uno stile qualunque, mi rassegnai su consiglio di mia madre a consultarmi con il titolare di un negozio di abbigliamento della mia città.

Dopo avermi ascoltato con attenzione e ottenuto le delucidazioni richieste sul luogo e sull'orario della festa si distese in un largo sorriso e pronunciò la temutissima frase: "Lasci fare a me".

Quindi mi accompagnò con aria sciamanica in camerino dove attesi in mutande (pulitissime) il prodotto della sua riflessione: una giacca a scacchi bianchi e neri, da indossare su una maglietta polo di colore fucsia e un paio di pantaloni grigio perla.

I calzini bianchi corti erano miei, come le scarpe, un paio di College comprate anni prima e che calzavano leggermente strette.

Il giorno della festa al mio ingresso nel locale tutti pensarono che la produzione per fare le cose in grande avesse ingaggiato il pagliaccio Scaramacai.

***

In camerino, dopo la puntata, si commenta ciò che è appena accaduto in scena.

Il famoso cantante prima della sua esibizione si è lasciato andare a una serie di giudizi e commenti di natura politica strappando ripetutamente l'applauso del pubblico ma lasciando in tutti noi addetti ai lavori un certo senso di fastidio per il pressappochismo dei giudizi e la pigrizia delle opinioni.

Disagio che, a nome di tutti, C riassume accogliendo nel backstage il cantante con parole di chirurgica sintesi: "Ahò, ma che stai a di'? Sei cantante, canta. Il resto nun te compete".

***

Mentre la attendo per un primo incontro, leggo l'ennesimo articolo sulla superstar. Cerco di mediare tra l'agiografia e la realtà che conosco di persona. Poi mentalmente ripasso l'ultima volta trascorsa insieme e, mentre tento di trasmettere un concetto non complicato, lei:

telefona,
riceve telefonate,
cazzeggia via wattshup,
controlla le mail,

chiede un caffè,
non le piace,
si ricorda di un altro appuntamento e pretende di andarci,
racconta un pettegolezzo,
ride di ogni sua battuta,
tortura una penna utilizzandola per ogni attività che non abbia a che fare con la scrittura,
sbadiglia,
sbrocca,
ci bacia tutti,
va via per sempre.

***

Uccidiamo il chiaro di Luna. E anche il break tassativo delle 21.50.

***

Diceva quel tale che la vecchiaia è la cosa più inaspettata che possa capitare a un uomo. Non solo sono totalmente d'accordo, ma rilevo inoltre tra gli effetti collaterali della mia inattesa maturità che giorno dopo giorno diminuisce drasticamente la probabilità che io possa cambiare opinione sulle mie idee. Resto comunque disponibile a cambiarla sulle idee degli altri.

***

Quanto felice e costruttivo ozio ci viene sottratto dall'inspiegabile necessità di essere sempre presenti, connessi, informati, brillanti e vigili?

Sempre più mi sento come un ballerino russo nella danza dei mantelli.

Aggiornamento dell'elenco redatto da me medesimo delle persone che ritengo con ragionevole certezza sarebbero presenti al mio funerale se morissi domani.

Il totale scende a 24.

Rispetto al precedente elenco escono sicuramente in 7 ed entrano 3 nuovi amici, di cui sicuro sicuro solo uno.

Non è un buon momento per morire.

Non voglio correre il rischio di una cerimonia deserta.

Provare a rimandare.

Agli inizi degli anni ottanta inopinatamente Pippo non si era stancato di essere solo un Carpentiere e, complice un geometra truffaldino e qualche bottiglia di pessimo Barbera di troppo, una sera comunicò in famiglia che si era stufato di lavorare per il Padrone (peraltro persona molto affettuosa con noi) e aveva deciso di mettersi in proprio, di diventare egli stesso il Titolare della sua impresa artigianale, innestando un rapidissimo processo che portò l'economia di casa da una posizione di serena e dignitosa sopravvivenza a una di bancarotta conclamata.

L'imprenditore non era un ruolo alla sua portata.

D'altronde, come avrebbe potuto riuscire nell'impresa mio padre, un uomo onesto, infaticabile lavoratore, ma che non ha mai avuto la minima idea di come si gestisce non dico un'azienda, ma neanche la vita di famiglia, nulla?

Per capire: il business plan dell'Impresa era nato al tavolo della sua osteria preferita, intorno al quale faceva anche i colloqui di lavoro.

Pippo come Amministratore sarebbe riuscito a far fallire la Apple in due settimane.

Date queste premesse, l'obiettivo era diventare molto ricchi in pochissimo tempo, sfruttando il boom dell'edilizia.

Idea oggettivamente geniale. Se realizzata vent'anni prima.

O comunque non nel pieno della grande crisi economica degli anni settanta. Per dire la lungimiranza.

Di quella tragedia, poi faticosamente rimontata, mi rimangono molti ricordi. Degli altri parlerò più avanti, qui mi vorrei concentrare sul rito del regalo natalizio da inviare ai clienti e alle persone strategiche.

Delle strategie di marketing e pubbliche relazioni aziendali si occupava mia madre, che mi nominò capo del personale e amministratore unico.

A novembre si cominciava con l'elenco dei destinatari del regalo, un geometra del Comune, un tenente colonnello di stanza alla caserma di Savona, il direttore della filiale della locale Cassa di risparmio e il vecchio datore di lavoro di Pippo, ché non si sa mai. Il biglietto di accompagnamento lo scrivevo io in quanto impiegato di concetto dell'azienda.

Per il contenuto del regalo, poche balle: una bottiglia di vino rosso e una di Spumante marca sconosciuta. Io, in quanto runner della ditta, andavo al negozio di vini (la prima enoteca a Savona arriverà molti anni dopo) e acquistavo in virtù delle mie mansioni di capo delle risorse le bottiglie necessarie.

Entro il 20 dicembre contestualmente arrivavano a casa nostra 4 cassette di fornitori potenziali della ditta paterna, contenenti tutte una bottiglia di vino rosso e una di Spumante marca sconosciuta. Nella mia veste di segretario mi occupavo io personalmente di aprire le confezioni.

Il saldo entrate-uscite si chiudeva quindi in perfetta parità e con lo Spumante marca sconosciuta si poteva festeggiare Capodanno a casa di William, il nostro dirimpettaio. Nel mio ruolo di capo delle relazioni esterne ero io a recare in mano le bottiglie per la festa.

Per fortuna la piccola impresa artigianale fu chiusa in capo a pochi anni, mia madre mi licenziò da ogni mansione e Pippo tornò a lavorare come carpentiere con grande felicità di tutti.

***

Un buon modello cui ispirarsi in riunione è *Istruzioni alla servitù* di Jonathan Swift. La morale è sempre quella: la condizione del subordinato aguzza l'ingegno e ribalta i destini.

***

Cedesi inattività.

***

Rivendico il mio diritto al malumore durante la riunione. Non potete pensare che ogni giorno io abbia voglia di farvi ridere. Ci sono dei giorni in cui dovete farmi ridere voi. Anzi, non voglio nemmeno questo. Non cercate di farmi ridere, non cercatemi proprio. Voglio stare tranquillo, in compagnia del mio malumore.

***

Chissà perché ogni volta che aspettavo con ansia crescente il ritorno a casa di mio padre e il ritardo aumentava e io me lo immaginavo vittima di sempre più orribili incidenti, contemporaneamente mi sorprendevo a sentir risuonare nel cervello motivetti stupidi, ritornelli di canzoni sommamente idiote.

***

Quando non si sa come uscire da una discussione di lana caprina su una scelta di scaletta o su uno snodo di copione, suggerisco di dire con finto tono disincantato: "*L'arte non deve servire il Popolo. Deve servire l'Arte*" (P. Roth).

***

Prima o poi qualcuno proverà a dirvi:

"Basta con la solita riunione in redazione che alla fine non riusciamo a concentrarci e non riusciamo a far venire fuori le idee buone".

Voi lo guarderete con sospetto e lui continuerà:

"Ci vuole uno stacco, un break, dobbiamo uscire da questa routine".

"..."

"Poi queste riunioni assembleari, con mille persone che parlano... non va bene... io penso che dovremmo vederci fuori da qui, con più calma... un gruppo ristretto, giusto noi tre quattro indispensabili, quelli che poi il programma lo fanno davvero..."

"..."

"..."

"Perché questo fine settimana non venite a scrivere a casa mia, in campagna?"

Mai farsi trovare impreparati di fronte a questa ipotesi catastrofica.

***

Ci vorrebbe un piccolo cimitero per le parole uccise in riunione ignorandone il significato, storpiandole, deviandone gli accenti, collocandole nel contesto sbagliato.

Oggi, abbiamo dovuto registrare il decesso dell'aggettivo "callido".

***

Il comico, con il suo fido autore di complemento, passa ogni giorno dalla redazione. "Per fare squadra," dice.

In realtà per placare l'ansia fortissima che più si avvicina il debutto più lo devasta. Non oso pensare quanto possa detestare la nostra rilassatezza.

***

Il vantaggio di aver avuto qualche occasione televisiva per chiacchierare in camerino con Alberto Arbasino è che ho potuto annotare alcune sue frasi ottime da citare a memoria al momento opportuno. Quella di oggi è:

"Il male di vivere lo incontravo a Voghera, ma non lo salutavo".

***

Settima Legge Fondamentale della Riunione
(detta "Variante Lineker applicata alla televisione")

Il sabato sera è quella fascia del palinsesto in cui per 180 minuti due Conduttori si sfidano su due reti diverse ciascuno con il suo spettacolo, i suoi ospiti, le sue sorprese, e alla fine vince Maria De Filippi.

***

Non sono quasi mai d'accordo con il pubblico dei programmi che scrivo.

***

Chiudo gli occhi mentre in riunione parte l'esame dell'ascolto minuto per minuto della puntata di ieri sera, e mentre si analizza la curva

vado subito con il pensiero alle veroniche di Zidane ammirate allo Stadio delle Alpi, gli assoli di armonica nei dischi di blues di John Mayall che ci facevano impazzire ogni volta anche se poi a rifarli con l'armonica in Do era un concerto per sputazzi e pernacchie... ci sarebbe anche quel pomeriggio a casa dei C. quando sembravamo tutti amici e la prima volta che abbiamo visto insieme Animal House *al cinema Astor di Savona e i nomi dei cinema, Eldorado, Ars, Diana, Lux poi arrivò Filmstudio e incominciammo a ragionare come registi uzbeki e a comprare le riviste intellettuali che poi lasciavamo sopra l'asciugamano per non farlo volare quando si andava a fare il bagno, mentre cantavamo a squarciagola "Sciogli le trecce ai cavalli" ma andavamo a Genova a comprare i dischi di folk irlandese i Clannad i Moving Hearts i Planxty con G. che mi aveva convinto della bontà delle idee del Sinn Féin e della grandezza di Tolkien per cui tutti a leggere la trilogia dell'Anello da intervallare con Fantozzi e gli arretrati di Tex Willer.*

Poi uno morì di overdose e lo conoscevo.

Ora, tornato con la mente in riunione, posso dare ragione all'ultimo che parlava.

***

La maledizione dell'*homo televisivus* generalista è quella particolare forma di tuttologia che lo autorizza in modo inesauribile e invasivo a insegnare a Mina come si canta, le conseguenze dello spread a Mario Draghi, il fuorigioco passivo a Guardiola, la necessità del piano sequenza a Quentin Tarantino, la resilienza ai pastori nomadi di renne che vivono nel permafrost siberiano.

Senza mai un filo d'ironia, ma proprio credendoci.

In assenza di altri interlocutori, l'implacabile tuttista si rassegna a spiegare a ciascuno di noi malcapitati come dovrebbero essere le nostre vite per avere un senso. E noi con devozionale raccapriccio ascoltiamo.

***

Quest'anno va di moda la locuzione "e quant'altro". Ma sono talmente vecchio del mestiere che ricordo bene quando in riunione si pronunciava con voluttà l'aggettivo "moderno".

***

Quella sera Stanis, leggendario cantante di enorme successo negli anni settanta e ottanta prima nel gruppo degli xxxx, poi da solista, si sarebbe esibito in diretta nello show.

Era straordinariamente famoso non solo per la sua voce cristallina e per le sue interpretazioni piene di pathos ma anche perché agli inizi della carriera usava fasciare il suo fisico gigantesco con una lunga tunica a celebrare anche esteticamente le sue origini mediterranee.

Con il tempo e nella memoria la tunica era diventata quello che oggi chiameremmo il suo "brand outfit". Insomma, senza sembrava un po' meno Stanis.

Ma come tutti gli artisti che nel loro percorso evolutivo tendono a modificare la loro immagine, così anche Stanis negli anni aveva completato un suo personale lavoro di detunicazione e si era convertito a un abbigliamento più sobrio.

Seguendo una prassi consolidata nel mondo del varietà che chiameremo "speriamo di convincerlo lì per lì", avevamo deciso comunque di procedere alla confezione di una tunica, identica all'originale, che avremmo tirato fuori con entusiasmo durante le prove confidando nella distratta disponibilità dell'artista e soprattutto nel notevole cachet stabilito per la sua prestazione.

Uno di noi quindi, tunica alla mano, al termine della prova porgendogliela con destrezza televisiva, gli chiese di indossarla in occasione della diretta.

Con gentilezza mediterranea e fermezza cecena, Stanis rifiutò la proposta.

Cominciò in quel momento una trattativa levantina al termine della quale si stabilì che l'artista avrebbe indossato la tunica, ma solo come omaggio al meraviglioso pubblico italiano ed esclusivamente dopo aver eseguito la sua canzone "in borghese".

Poi Stanis aggiunse a voce bassissima e con nonchalance che questo spiritoso cambio di programma avrebbe comportato come conseguenza una ulteriore e diversa negoziazione del compenso.

Fu convocato con urgenza in sede il Responsabile dell'Ufficio Scritture, la leggendaria Nives, allo scopo di chiudere la nuova trattativa.

In un clima da Guerra fredda i due andarono avanti per alcuni interminabili minuti a colpi di rilanci e di tagli e finalmente si stabilì una cifra accettata dalle parti.

Mancavano meno di due ore alla diretta.

Il sospiro di sollievo di tutti fu strozzato in gola quando Stanis sparò a tradimento la sua ultima non negoziabile volontà: il compenso pattuito doveva essere versato in contanti, in valuta straniera (dollari) e in anticipo.

Cioè prima della diretta.

Questa procedura non solo non rientrava nei metodi standard di pagamento dell'Azienda, ma era poco compatibile con l'orario quasi notturno in cui era stata fatta la richiesta e con il giorno, venerdì, che almeno a Milano si chiude per gli affari correnti intorno al primo pomeriggio.

A tutti sembrava chiaro che il problema sarebbe stato insormontabile, ma non tenevamo conto del fatto che Nives, come Mr. Wolf, risolveva problemi, sempre.

A meno di un'ora dalla partenza della sigla di testa Stanis l'egiziano cresciuto in Grecia fu convocato nell'ufficio di Nives, la veneta trapiantata a Milano.

Fui io ad accompagnare il cantante con l'incarico di portarlo in studio in tempo per l'esibizione, prevista da scaletta subito dopo la sigla.

Una volta entrati nella stanza, mi misi in piedi davanti alla porta chiusa mentre i due sfidanti si accomodavano uno di fronte all'altro dai lati opposti della scrivania disegnata da Gio Ponti.

E da quella privilegiata postazione potei assistere a una inedita versione di *Rumble in the Jungle*.

N.: Ecco i dollari. (*allunga una busta in direzione di S.*) Può andare a fare lo show.

S.: (*prende la busta, la guarda*) Non ancora.

N.: (*fredda*) Perché, cosa manca?

S.: (*freddissimo, guardandola negli occhi*) Li devo contare.

N.: (*sostiene lo sguardo di S. e lo invita con gesto di sfida a contare mentre nella stanza risuona in crescendo il suono della tromba nel* Deguello)

S.: (*apre la busta, estrae i dollari avvolti in una fascetta, li conta a uno a uno con snervante lentezza. Chiude la busta e la lancia in direzione di N.*)

N.: Allora?

S.: Mancano 50 dollari.

N.: (*prende la busta, estrae il malloppo e guardando negli occhi S. comincia con lentezza inarrivabile a ricontare. Finisce, chiude la busta e la lancia con destrezza a S.*)

S.: Quindi?

N.: Ci sono tutti, Stanis. Anche gli ultimi 50.

S.: (*il suono della tromba è al volume massimo. Stanis riapre la busta, riconta i dollari. Due volte. Mancano 7 minuti alla diretta. Chiude la busta, guarda Nives. Le manda un bacio. Mette la busta in tasca e si avvia verso l'uscita mentre io apro la porta per guadagnare tempo.*)

N.: (*con voce stentorea*) Fermati, Stanis!

S.: (*si blocca, mentre io ho un principio di infarto*)

N.: Ora ti devi mettere la tunica!

S.: (*sorridendo rilassato*) Lo farò.

Poi, in diretta, la fece indossare al Conduttore.

***

Molte parole sono state spese per indagare sul futuro del nostro mestiere, ma nessuna ha ancora raggiunto la vertiginosa esattezza della frase di Vulvia (e attraverso lei di Corrado Guzzanti):

Per cambiare la televisione, bisogna andare al negozio.

***

In cui il potentissimo uomo politico telefona in redazione e, dopo un tira e molla che va avanti da settimane, confessa che il motivo vero per cui non potrà essere ospite è la moglie. Che non lo lascia andare fuori Roma la domenica.

Con lui, dunque, la tenuta della democrazia rischia solo un giorno a settimana.

***

L'Ispettore di studio, nella distrazione generale di tutti noi indaffarati nei preparativi finali dello show, aveva chiesto il permesso di improvvisare il discorso di rito al pubblico a ridosso della registrazione.

"Una cosa simpatica, per scaldare un po' l'ambiente," aveva annunciato in modo sibillino.

Nessuno si era opposto a quella che sembrava e doveva essere la consueta rituale elencazione, magari solo un po' più empatica, delle cose da fare e da non fare durante le riprese.

Ma una volta impossessatosi del microfono e conquistato il centro dello studio, capii subito che ci eravamo imbattuti in un "artista" che si sentiva ingiustamente relegato in un ruolo di servizio, non all'altezza del suo talento.

Nella fallace convinzione di essere spiritoso, l'insospettabile lavoratore comincia a inanellare una serie di facezie sorprendendo un po' tutti, in particolare il malcapitato giovane autore che si era appena accomodato in prima fila per un rapido recap delle cose da fare e ora si vedeva coinvolto suo malgrado in una serie di gag e spiritosaggini da manicomio navale turco.

In pochi istanti il dramma si compie: il sedicente Ispettore si rivela un feroce intrattenitore in possesso di uno sterminato repertorio di puttanate, mentre il giovane e inesperto autore sprofonda con il suo evidente imbarazzo nella poltrona sperando che entro pochi secondi un evento misterioso e definitivo riduca in cenere quell'idiota.

Il pubblico, fino ad allora distratto e rumoroso, mostra inspiegabilmente di apprezzare le spiritosaggini da bettola del cialtrone e ride e applaude, mentre da lontano intuisco nell'autore ostaggio della lunare situazione il desiderio fortissimo di estrarre da sotto la poltrona, dove all'insaputa di tutti lo aveva nascosto, un fucile ad alta precisione con cui abbattere il macaco. Trascorso un tempo non quantificabile, ma certamente più lungo della trasmissione che stiamo per andare a fare, l'intruso, con colpo di scena teatrale, invita il pubblico al silenzio e indica con il pollice opponibile, nell'unico uso che conosce dello stesso, il malcapitato giovane collaboratore segnalandolo sgangheratamente come il responsabile (unico? principale?) dello spettacolo che gli spettatori andranno a vedere tra poco.

Da lì una serie di agghiaccianti battute, il cui sottotesto ovviamente è: "Se quello che state per vedere non vi piacerà sapete a chi dovrete rivolgervi".

Il fragile collega scompare ancora di più nella poltrona mentre con ogni evidenza prega intensamente che un black-out totale paralizzi l'attività del quartiere della città della Nazione in cui si trova per almeno tre anni, durante i quali cercherà i migliori sicari in grado di rapire e torturare quel miserabile.

Il pubblico, istigato con feroce vigliaccheria dal mitomane, dedica all'allibito collega un applauso stitico e chiaramente denigratorio.

Finalmente l'Ispettore può chiudere la sua ignobile performance; con fare da consumato protagonista si decide a salutare il "suo" pubblico e con finta generosità chiama sul proscenio la sua involontaria spalla per ricevere insieme a lui l'ovazione da stadio della sala.

Un'unica trionfale uscita di scena, definitiva, per due differenti tragedie.

***

Il Ministro ci confida che subito dopo la registrazione della puntata andrà con auto blu e scorta a Bergamo a vedere la Roma, di nascosto dalla moglie. Consapevole che se lei lo becca non lo fa rientrare a casa. Ecco perché nutro qualche dubbio sulla sua nomea di persona di straordinaria, raffinata intelligenza quando alla sera lo vedo, in diretta dallo stadio di Bergamo, rilasciare dichiarazioni alla *Domenica Sportiva*.

***

La temutissima manager del Cantante, donna di perfida bruttezza e di rara malvagità, prepara attraverso un'estenuante serie di incontri con noi la puntata in cui il suo rappresentato sarà ospite. Lo scopo dell'ospitata è quello di far conoscere meglio il Cantante attraverso un'intervista molto approfondita, in modo da sviscerare completamente il suo profilo di artista, liberandolo da pregiudizi professionali e incomprensioni caratteriali, con l'obiettivo dichiarato di andare oltre i pigri cliché della stampa.

Con gentilezza sostengo che un buon modo per veicolare questo per altri versi lodevole intento, sarebbe quello di alternare l'intervista con l'esecuzione live di alcune delle sue canzoni. Magari scegliendo quelle belle.

Di certo l'efficacia del passaggio ne guadagnerebbe.

Ma Ella, di fronte a questa apparentemente banale proposta, reagisce come una completamente presa alla sprovvista, assolutamente impreparata alla possibilità che a chi di mestiere fa il cantante possa essere richiesto di cantare.

***

Sono in camerino con un comico che amo moltissimo. Anche oggi ne raccolgo lo sfogo; si sente trascurato dalla sua agenzia, non utilizzato abbastanza, sottopagato, forse pure vittima di una macchinazione politica.

Ma mentre cerco di trovare parole esatte per replicare, mi toglie lui dall'imbarazzo invitandomi a scappare dopo la trasmissione alla volta di Desenzano, dove ci aspetterebbero alcune ballerine moldave di dubbia moralità. Replico che sarebbe bello, ma sono un autore sposato. Mi suggerisce una facile soluzione: basterà dire a casa che io e lui abbiamo una riunione con il Wwf. Le donne capiscono subito tutto, ma non indagano più di tanto (grazie di tutto M.M.).

La sua comicità è non catalogabile, al di fuori di ogni standard, è uno sguardo provvisto di lenti che nessun altro ha.

Ma soprattutto rivendica continuamente il diritto di scartavetrare il pubblico, di rifiutarsi di considerarlo sempre stupidamente felice.

***

Stiamo facendo un programma talmente brutto che sin da ora attendo con grande entusiasmo il momento in cui sarà rivalutato.

***

Ogni primo di gennaio, insieme agli auguri, tra autori ci scambiamo l'elenco degli ospiti da chiamare.

***

Bollettino delle 15.30 di oggi:

Viene ufficialmente comunicato che George Clooney non ci sarà.

Pare che anche Bob Dylan sia in forse, anche se è stata inoltrata una mail dall'Ufficio Scritture ("Pregiatissimo dott. Dylan, facendo seguito agli accordi telefonici...").

Con Madonna ci sarebbe la possibilità di fare un collegamento ma il fuso orario con gli Stati Uniti non è favorevole (a chi? a cosa?).

Qualcuno ha un altro contatto per Michelle Obama?

Per la prima serata è confermato Silvan.

***

Riunione ospiti a oltranza: no di Madonna, Bob Dylan fa sapere che la nostra proposta lo ha offeso, c'è uno che conosce Schwarzenegger ma adesso è in palestra (non Schwarzenegger, quello che lo conosce), Michelle Obama ancora non si è fatta viva, quello che porta gli ospiti americani dice che oggi per dopodomani può provare con Joan Collins. Frenetiche consultazioni su Internet per verificare che la stessa sia effettivamente ancora viva.

***

Voi mi odiate e io per dispetto vi amo tutti.

(*scritta apparsa sulla parete di una stanza del Manicomio di*

Sassari e che propongo di affiggere sulla porta delle principali sale riunioni italiane)

***

T. ci sta facendo il regalo più bello: ha messo a disposizione del programma il racconto della sua vita, che è altra cosa dalla sua vita, fatto com'è di episodi inventati o spostati nel tempo, o con i protagonisti cambiati.

Ci incanta con i suoi racconti: peccato che questo Paese sia sempre meno interessato ad ascoltare le vite vissute, preferendo di gran lunga le vite inutili. I racconti di T. con i gangster, le pupe, i principini, le modelle, i poveri cristi e gli amici del bar, i comici e gli artisti e le serate e i viaggi senza senso sono letteratura.

***

Arriva il momento in cui anche l'artista più equilibrato decide di fare una cosa che lo rovinerà, se non per sempre, per un certo numero di anni.

Passato lo sconcerto, l'incazzatura, l'amarezza e l'avvilimento per l'ineluttabile destino dell'artista non rimane che constatare che comunque la condizione di chi sta in scena è lontanissima da qualsivoglia traccia di lucidità.

***

L'età più bella per me è quella tra i sette e i nove anni, quella in cui colpire il palo in rovesciata è più prestigioso che fare goal.

***

Mi telefona X. Non lo sentivo da tanto. Telefonata all'italiana in cui non si capisce se è lui a sondare me o sta chiedendo per interposta persona di sondare Y.

Senso di leggera nausea.

Frase chiave: "Oh, speriamo che questa telefonata non sia intercettata (*segue feroce giudizio su Y*)". Vittima del clima di sospetto in cui viviamo o reo confesso? Come sempre in questi casi mi distraggo e penso incongruamente che non aprirò mai una libreria antiquaria.

E penso che purtroppo non mi verrà mai una battuta come quella di Enrico a proposito degli anziani con la mania delle gite:

"I piscioni viaggiatori".

***

Anche questo pomeriggio, come sempre, mi impegno allo spasimo nello sforzo di simulare entusiasmo per la musica jazz.

Ma secondo me gli altri hanno capito.

***

Ci ritroveremo un giorno, davanti al mare. E ci sarà lo spazio e il silenzio per parlare tra noi, di noi.

E per provare a capire quando abbiamo perso la libertà di giocare senza pensare.

***

Il nostro anfitrione ci regala una sua privatissima lezione di estetica al ristorante dove consumiamo il pranzo.

Ne ricaviamo che: le piazze sono belle quando sono brutte, perché sono vive. Mentre quando sono belle non servono ad altro che a essere ammirate. Il bello è (quasi) sempre frutto del caso e gli architetti hanno il complesso di Rocco Siffredi e passano la vita a misurarsi i grattacieli.

***

A pranzo con P.

Mi sembra di essere capitato in una pagina di Luciano Bianciardi: davanti a me un clochard dai capelli lunghi e pericolosamente spettinati, la barba di settimane, vestiti invernali nonostante i 25 gradi, un paio di occhiali senza la stanghetta sinistra.

Alterato praticamente senza aver bevuto, il bicchiere di vino appena assaggiato è sufficiente a renderlo minuto dopo minuto sempre più molesto.

Mi parla in modo sconnesso delle sue idee per uno spettacolo da scrivere insieme.

Ne racconta una, poi un'altra, poi una terza senza accorgersi che è sempre la stessa. Ha smesso di mangiare. Anche io. Poi senza segnali che potessero annunciarla, una scintilla di splendore si fa largo tra le sue frasi. Ci attacchiamo a quella e tutti i pezzi sconnessi, incongrui, traballanti vanno al loro posto e formano un piccolo, magico, quadro esatto.

In altri casi, in altri tempi non avrei visto l'ora di essere lontano da tutto questo. Ora, qui, mi viene solo voglia di abbracciarlo.

***

Indifferente all'idea che chiunque minimamente indagasse sui fatti che racconta lo smaschererebbe come implacabile bugiardo, passa la vita a ridisegnare la propria biografia per farla apparire migliore della realtà.

E alla fine la propria vita inventata gli piace molto più di quella reale, al punto da difenderla contro ogni evidenza.

***

Mia madre mi ha picchiato con qualunque strumento a sua disposizione, dal mestolo al mattarello, fino al giorno in cui ho compiuto dieci anni, quando improvvisamente si accorse che ero diventato più alto di lei. E che io mi ero accorto che lei si era accorta.

Da quel giorno cominciò a minacciarmi di morte, ma dalla stanza accanto.

***

Ci sono momenti inutilmente rumorosi, come questo, nei quali l'unica riunione cui sono disposto a partecipare è quella dell'Associazione Mimi.

***

Testo standard per seccatori seriali

Carissimo,
ho ricevuto la tua mail della quale – francamente – avrei fatto a meno.
Non ci siamo più visti, dici tu.
Per fortuna, aggiungo io.
Mi auguro anzi di non incontrarti mai più e di non dover mai parlare con te di cose che potrebbero avere malauguratamente una qualche conseguenza pratica.

***

Esisterà l'agente, il manager, l'impresario degli artisti che si esibiscono in metropolitana, quella folla di musicisti, ballerini, mangiafuoco, cantanti e attrazioni varie che allieta i nostri spostamenti underground?

Uno che stabilisce le tratte, i percorsi, il repertorio dei suoi "artisti" in cambio del dieci per cento delle elemosine?

***

Gentilissima Michelle Obama,
trascorse invano in attesa di un suo riscontro alcune settimane, torno a scriverLe per sollecitare una Sua risposta alla domanda: vuole essere ospite del nostro programma?
Sinceramente mi stupirei di un Suo rifiuto soprattutto ora che potreste gestire con più facilità gli impegni di famiglia e la Sua eventuale assenza da casa potrebbe essere tranquillamente coperta da Suo marito, al quale La prego di estendere i nostri saluti.
Per farLe capire quanto anche la mia azienda tenga al Suo intervento, Le dico in assoluta confidenza e con preghiera di discrezione, data la delicatezza dell'argomento, che è stata approvata dalla Rete, ESCLUSIVAMENTE PER LEI, la possibilità di soggiornare in un hotel 4 Stelle ANCHE NON CONVENZIONATO, purché in stanza singola e non doppia uso singola, che purtroppo non ci è possibile rimborsare.
Sono certo che la Sua risposta positiva non tarderà ad arrivare. Mi permetta di abbracciarLa, in attesa del nostro ineluttabile incontro.

***

Bisogna essere grati a chi spreca il proprio ingegno, sciupando idee e mancando occasioni per non aver saputo sfruttare il proprio talento.

Costui ha seminato intelligenza perché qualcun altro la raccolga e ne faccia a sua volta dono a qualcun altro.
Purtroppo, non sto parlando di me.

***

Lo scrittore visita la fabbrica allo scopo di scrivere un articolo sull'autorevole rivista. Durante la visita si entusiasma come un bambino di fronte ai macchinari e ai ritmi della produzione, agli operai e agli ingegneri.

Tornato a casa, scrive un lungo racconto passionale nel quale la fabbrica diventa l'officina celeste, gli operai e le fiamme allo stesso modo corruschi e scottanti si agitano soffocati da uno strepito che precipita a cateratte, una versione riveduta e corretta del Giudizio Universale.

L'operaio della Fabbrica legge l'articolo e a metà butta la rivista dentro l'altoforno.

***

Ma scusa, non sarebbe bello diventare amici e infischiarsene delle convenienze artistiche e ideologiche, solo per il piacere di stare insieme e condividere gusti inattuali centellinati con allegro snobismo?

E parlare di quel niente che abbiamo vissuto e quel poco che abbiamo fatto?

Poche ore al giorno, poi basta: io torno ai miei Tex, tu ai tuoi Adelphi.

C'è stato un tempo in cui mi sarei vergognato a proportelo per via del mio insuperabile complesso di superiorità, ma adesso avrei voglia del borbottio inesauribile che allontana all'infinito l'ultima parola.

***

Frammento ritrovato in antica sala riunioni di autore anonimo, ma certamente assegnato alla ricerca ospiti. Secondo una teoria molto accreditata tra gli esperti di riunioni premoderne, in questo frammento si racconta la desolazione e il vuoto che seguono l'ennesimo tentativo fallito di parlare con l'agente del divo che si vorrebbe invitare in trasmissione:

Scusa
se anche stavolta
dubito,
quando dici che richiamerai
subito.

***

Improvvisamente, nei giorni più caldi dell'anno uscivo di casa e a piedi – com'era naturale avendo dodici anni – raggiungevo la parte opposta della città. Cercavo un'edicola alla quale chissà perché attribuivo il potere di viaggiare nel tempo: ero sicuro, del tutto immotivatamente, che in quella edicola e solo in quella avrei trovato tutti i vecchi numeri di Tex Willer che mancavano alla mia collezione. Quelli con le copertine che mi facevano sognare: "Morte nel circo", "La Sconfitta", "Black Baron"...

Quando finalmente arrivavo all'edicola dopo la traversata nel forno cementificato di un torrido luglio, giravo intorno con cautela al piccolo chiosco per sbirciare le pubblicazioni affisse sul retro.

Niente Tex.

Solo il numero regolarmente in edicola quel mese. Peccato, mi dicevo.

Domani torno.

Magari l'edicola viaggia nel tempo solo di giovedì.

***

Senza averlo concordato con nessuno di noi, si presenta da qualche giorno in riunione con un nuovo autore, oltre a quello che storicamente lo accompagna nelle sue avventure artistiche.

Però non lo presenta come autore, anzi non lo presenta affatto, dando per scontata una collaborazione che a noi tutti risulta quantomeno sorprendente. Il malcapitato, d'altra parte, non osa autoproclamarsi autore e partecipa alle riunioni a mo' di convitato di pietra, con un sorriso buffo perché disallineato rispetto alla simmetria tragica delle sopracciglia. Per sapere il suo nome, abbiamo controllato i titoli di testa.

***

Quando accompagnavo la mamma a fare la spesa sul finire degli anni sessanta, ricordo distintamente che al momento dell'acquisto lei non si fidava di quella che nel suo lessico privato chiamava la "roba pronta", cioè cibo conservato in scatola o altrimenti confezionato, e sceglieva sempre cibi freschi venduti a peso.

A quei tempi, questo atteggiamento la collocava nel ruolo sociale dell'esemplare femmina di Cro-Magnon. Oggi sarebbe una consumatrice attenta alle scelte sostenibili.

Insomma, mia madre fin dalla metà degli anni sessanta era una teorica e una praticante della Cucina a km zero.

Purtroppo ignorava di essere cool.

Stupidamente era convinta di essere povera.

***

Accuso con il passare del tempo una sempre maggiore insofferenza per i barzellettieri da competizione e gli spiritosi in servizio permanente effettivo.

***

Non ho mai visto soffrire nessuno come soffre un comico di fronte alla risata del pubblico per la battuta di un altro comico.

***

Una volta venne in trasmissione un famoso sommelier, forse il più famoso del mondo. Sapeva riconoscere con degustazione alla cieca (consiste in un assaggio di vino servito con etichette e bottiglie bendate) qualunque bottiglia. In diretta riconobbe senza nessuna incertezza un Barbaresco di cui volle indicare anche l'anno di vendemmia e la cellula del terreno di pertinenza.

Dietro le quinte, guardavo con relativo smarrimento il vino che avevo versato nel suo bicchiere per l'assaggio. Era un Pinot nero, altro anno, ovviamente altro Produttore.

L'applauso del pubblico in sala fu comunque molto convinto, a conferma della forza dei pregiudizi.

***

Con quell'abito da personaggio minore di Sorrentino mi molesta di proposte da più di mezz'ora. Rinuncio alla mia Siae in cambio della sua evaporazione.

***

Questo precario equilibrio tra ciò che avremmo voluto fare e la cosa che invece stiamo facendo, questo tentativo di restare disperatamente agganciati allo spunto di partenza, questa nostalgia dell'istante in cui siamo riusciti ad afferrare uno dei fili che avevamo tirato prima di perderlo definitivamente è, mi sembra, la sensazione più ricorrente del nostro lavoro.

***

Se contasse solo l'intuizione, il colpo d'istinto, il balenare di un frammento narrativo, il luccichio di un'idea, la grazia di un incipit miracoloso e non tutto il lavoro necessario a tradurlo in opera compiuta!

***

Giunti a questo punto, invecchiare con decoro diventa un obiettivo a breve termine.

***

Bisogna ammettere che questi nuovi artisti tutti uguali, tutti fighetti, tutti inutilmente verbosi sono perfettamente coerenti con il loro più visibile tratto estetico: una barba enorme.

***

Di S. mi resta tra gli altri un ricordo preciso. Redazione romana di un programma, pomeriggio tardo. Prende in mano un quotidiano straniero vecchio di almeno tre giorni e cerca nelle pagine interne un articolo di costume.

Ne trova uno sulle abitudini estive dei regnanti inglesi.

Si impadronisce quindi del telefono e chiama la redazione del prestigioso quotidiano nazionale di cui è antico collaboratore. Comincia a dettare, traducendo a vista, e abbastanza male, quell'articolo.

Chiude con nonchalance scandendo con lentezza il proprio nome a firma del pezzo. Lo guardo divertito e lui ridendo a sua volta sancisce: "Il caposervizio è un cretino. Sarà ministro al prossimo governo".

***

G. guarda con curiosità il mio quadernino per appunti. Da tempo vorrebbe sapere cosa ci annoto alla fine di ogni giornata.

Oggi mi sono concentrato su alcuni pacati giudizi espressi nella riunione dedicata alla proposta ospiti:

"Jeff Bezos non lo conosce nessuno".

"Scorsese non è attrattivo."

"Quello stronzo non metterà mai piede in un mio programma."

"Che cazzo c'entra il ministro dell'Interno?" (discutendo di una trasmissione dedicata al terrorismo)

***

Sono d'accordo con M., quando dice che da un certo punto si comincia a far fatica a ricordare i film visti, i libri letti. Mentre le letture, i film della nostra gioventù potremmo quasi ripeterli a memoria. Ma se del presente, del recente passato, poco o nulla resta, è colpa nostra o di quello che abbiamo visto e letto?

***

Parabola del rompicoglioni

Uno appena cominciava la riunione diceva sempre:

"A me non chiamano a lavorare perché sono scomodo".

"No," gli rispondevano tutti quelli con i quali si lamentava. "A te non ti chiamano perché sei sempre in ritardo, sempre impreciso, combini dei casini, non rispondi alla gente, esasperi le persone."

Quello allora cambiava discorso, o cambiava riunione.

L'elenco delle persone che se morissi domani verrebbero senza ombra di dubbio al mio funerale da qualche tempo si allunga continuamente e ora riempie un'intera pagina di bloc-notes.

Ieri anche il sosia di Pavarotti mi ha scritto un messaggio molto affettuoso, ma sinceramente non credo che verrà. In quel caso, si offrirebbe di cantare. Interessante.

Dovrò al più presto affrontare il tema del pernottamento per chi viene da fuori, perché Albissola Marina non ha una ricettività adeguata al flusso di persone in entrata che si prevede in quel giorno.

E pensare che a me sarebbero bastate due persone.

Mi godo il mio momento di popolarità.

Lo incontro nella suite di un hotel del centro. È in compagnia del suo alter ego, autore produttore, confidente.

Lunga chiacchierata sul suo progetto. I segni della patologia del televisivo sono già tutti presenti: paranoia, sindrome da accerchiamento, aggressività repressa a fatica, culto della personalità. So già da ora cosa mi aspetta. Quindi non mi potrò lamentare tra due mesi.

***

Proposta di testo per una pubblicità di vini

Lui coltiva la vigna
La coltiva da solo
E se l'uva non basta
Aggiunge il metanolo

BOCCIATA

***

Un altro collezionava scalette di programmi. Ma essendo l'unico non poteva mai scambiare i doppioni con nessuno.

***

La frase "il destino ne sa più di noi" mi rappresenta piuttosto bene: la mia vita fino a oggi ha avuto un corso abbastanza lineare, quasi semplice, anche perché ha sempre deciso lei per me. Io mi sono limitato a non oppormi.

D'altra parte, l'ho sempre lasciata fare perché mi fido delle sue scelte. L'unica volta che ho deciso io, mi sono iscritto a Giurisprudenza.

Infatti non mi sono laureato.

Così mi sono fidato di quello che di volta in volta la vita

stessa mi proponeva. Avevo diciannove anni quando firmai il mio primo contratto da autore: un'età oggi impensabile per un ruolo di responsabilità, e non solo in tv.

Ho potuto imparare i segreti di questo mestiere non esatto da una prospettiva rovesciata, dall'interno verso l'esterno. Se avessi anche imparato l'inglese sarei stato imbattibile.

Ma essendo una scelta lasciata a me, non l'ho imparato.

***

11 settembre 2001.

Siamo in riunione per ultimare i preparativi del talk-show che partirà tra due settimane. È il programma che segna il passaggio di un gruppo che ha storicamente lavorato in Rai ad altra emittente appena nata ma molto aggressiva nelle intenzioni, pronta a rompere il duopolio Rai-Mediaset, che blocca da sempre il mercato.

Lo studio, un teatro completamente ristrutturato a uso televisivo, è pronto. Si mettono a punto i dettagli della prima settimana di programmazione, quando squilla il telefono del capo.

Dall'altra parte, il nuovo amministratore delegato appena subentrato alla cordata di imprenditori che ci aveva ingaggiato spiega che come suo primo atto ha deciso di non far partire il programma e liquidare la produzione.

Nell'esatto istante in cui realizziamo che abbiamo perso il lavoro per il quale abbiamo lasciato ogni certezza precedente leggiamo su Televideo un'ultima ora che parla di un incidente a New York.

Derubricata con incoscienza la notizia a bizzarro infortunio, ci concentriamo sul modo di comunicare alla stampa la chiusura forzata e imprevedibile e sospetta del nostro programma. Uno di noi, credo L., accende la tv per verificare la notizia precedente in perfetta sincronia con le immagini che rimandano in diretta lo schianto del secondo aereo sulla seconda Torre.

Nessuno fa più cenno alla chiusura del programma. E nessuno ne saprà più nulla. Non riesco a non sorridere di quel pugno di professionisti, e della loro minuscola tragedia travolta dalla Storia.

***

Improvvisamente il Produttore assume un tono grave, incongruo con la sua cravatta sgargiante, e dice al redattore: "Sai, C. ha posto dei veti, uno dei quali ti riguarda". Non l'ha detto proprio così perché parla un patois meridional-romano, ma il senso è quello.

Chiedo al Produttore quando avesse parlato con C. "Mai," mi risponde con sorpresa. "Mi ha detto Tizio che parlando con Caio ha saputo che C. la pensa così."

La regola aurea nel mondo della comunicazione è che non ci si deve mai fidare di ciò che viene comunicato.

***

Ora la televisione non genera più brividi e curiosità come nel secolo scorso, ma capita ancora talvolta di dover rispondere alla fatidica domanda che ti rivolge chi ha appena scoperto che lavori nello spettacolo: "Ma Tizio è davvero così?" (segue aggettivo che privilegia l'aspetto professionale, estetico o caratteriale del Tizio in questione).

Io lascio sempre cadere la domanda tenendomi sul vago, tranne che in un caso.

Quando mi capita di parlare di Bombolo.

Franco Lechner, in arte appunto Bombolo, è stato un fenomeno totalmente originale dello spettacolo italiano che si è imposto con una serie di apparizioni nel cinema popolare e di genere interpretando sempre ed esclusivamente lo stesso personaggio, ovvero il proletario romano catapultato in una serie di situazioni a lui incomprensibili, ma nelle quali si destreggia grazie alla sua naturale capacità di adattarsi a ogni imprevisto.

Ora se qualcuno mi domanda: ma Bombolo recitava magnificamente quel personaggio o era veramente così?, posso confermare con dovizia di particolari che era veramente così.

Sempre.

La prima volta che lo vidi in uno studio di una megaproduzione televisiva, ricchissima e destinata al più atroce dei fallimenti, era seduto in un angolo e piangeva, proprio alla maniera di Bombolo, a stento consolato dagli altri scritturati dello show.

Cosa è successo, Franco?

Tze tze... (era il suo intercalare fisso) so' stato in albergo prima de veni' qua.

Che albergo?

Er de Milan.

Bello.

Tze tze... m'hanno preso 500.000 lire pe' 'na notte... tze tze... dice che c'è morto Giuseppe Verdi... Machemmefrega a me? Tze tze... (altro pianto in crescendo)

Su questa conclusione provocatoria dello sfogo, inaspettato si leva proveniente dall'altro lato della stanza un urlo lacerante.

È Gianni Agus, un gigante del teatro italiano, peraltro mitico interprete de *I giganti della montagna* di Pirandello, uomo di cultura leggendaria, anche lui nel cast del programma, che alzandosi di scatto e indicando Bombolo esclama (chi ha presente la voce di Gianni Agus capirà lo stordimento degli astanti):

"È un selvaggio!!!!".

***

In ogni declinazione della scrittura l'autore sceglie con cura le parole. Tranne che in tv.

In tv le parole sono una possibilità tra le altre, sono parole catastali.

E invece la parola va difesa perché la lingua italiana è una delle più belle. E si sta depauperando per colpa di ognuno di noi, quindi propongo che chi scrive senta il preciso dovere di adottare una parola, tenersela cara, di provvedere che non venga imbrattata dall'uso che se ne fa.

Per quanto mi riguarda, oggi scelgo

"*FUTILE*".

***

Sulla terrazza della bellissima casa milanese di S. a parlare in una serata tiepida e confortevole di un progetto che poi, purtroppo, si fece.

***

"Per la prima puntata potremmo invitare X."

Dopo un breve silenzio collettivo mi iscrivo a parlare:

"Va bene, se volete io lo invito, ma sappiate che *poi quello viene*".

***

Prima dell'"Era della Suscettibilità" l'artista mediocre pativa una giusta vita di stenti critici e rari apprezzamenti, poi fortunatamente moriva e di lì partiva la riscoperta postuma. Ora l'intero arco disprezzo artistico/status di culto si svolge in quattro ore.

Prima fase. Mentre in diretta televisiva il comico/conduttore/artista si esibisce esponendo i suoi trascurabili contenuti, contemporaneamente sui social si scatena nei suoi confronti una controffensiva di lazzi, contumelie, battute cattive ma efficaci, e offese da tutta Italia.

A diretta finita, un tweet solitario ma autorevole sancisce che a ben pensarci però quella battuta che sembrava scadente in realtà nascondeva una visione profonda ed empatica con il mondo e a, difesa del sedicente artista, lancia il provocatorio hashtag #ditelomegliovoi.

A questo punto la situazione si ribalta in un lampo e il deficiente di un attimo prima diventa l'artista che ha saputo scardinare con le sue trovate – magari discutibili ma autentiche – un modello di comunicazione ormai usurato.

Il problema è che, non essendo – purtroppo per lui – morto, il sedicente artista ora convinto di essere un genio riproporrà alla prima occasione possibile la sua performance con impercettibili variazioni, così da essere definitivamente lapidato ma questa volta senza riscatto. Se non postumo.

***

In ogni redazione c'è l'autore espiatorio.

***

C'è stato un tempo in cui chi scriveva per mestiere usava con cura la lingua italiana. Pare addirittura che alcuni sapessero che si usa "domando" se voglio sapere e "chiedo" se voglio avere.

***

Arriva in largo anticipo agli studi con amici e parenti. La sua ospitata è molto attesa dal pubblico.

È molto scuro in volto. Io sono davanti al suo camerino per fare "gli onori di casa".

Entra con gli accompagnatori in camerino e subito si lamenta: è troppo piccolo, come mai è così piccolo, l'altra volta era più grande.

"Non ci sono delle patatine?"

"Ci sono dei salatini."

"Non li voglio, si attaccano al palato. Portatemi qualcosa da bere."

"Un caffè?"

"No, una birra."

"Dentro gli studi della Rai per legge non si possono consumare alcolici."

"..."

"Ma se vuole una birra gliela andiamo a comprare."

"No, non la voglio più."

"..."

"Cos'è questo?" (*indica in modo nevrastenico una cordicella che tiene legata la porta del camerino*) BASTAAAA!!!!! (*strappa la cordicella, chiude la porta sbattendomela in faccia*)

Qualche secolo fa avrei trovato questo atteggiamento anche divertente e mi sarei persino compiaciuto di aver assistito di persona a un capriccio da tenore ottocentesco.

Oggi come giudizio complessivo propendo per il "è bravo, ma stronzo".

***

Non avendo nessun pudore del proprio pensiero magico e nessuna sovrastruttura dialettica tipica del mondo occidentale, non aveva paura del giudizio degli altri; questo gli permetteva di sedersi in riunione con un enorme vantaggio su tutti i presenti. Di cui approfittava in maniera esemplare.

***

Ogni tanto nei momenti di stanca della riunione scatta l'inevitabile angolo della cazzata. Campione mondiale da molte stagioni è per noi tutti il collega S., che da anni insegue un sogno piuttosto ambizioso al quale lavora sotto traccia incessantemente: organizzare un concerto dei Rolling Stones a Parchiule, antichissimo borgo di origine rurale dell'entroterra di Pesaro e Urbino.

In nome di questo progetto, oltre a risparmiare molto sulle spese personali e a molestare continuamente sponsor pubblici e privati, S. gioca ogni settimana al SuperEnalotto, con zelo particolare in quelle in cui il montepremi sale molto.

S. sa che i Rolling Stones costano parecchio, si informa continuamente presso gli amici che lavorano nella musica, ma naturalmente quello della Band è un costo, sebbene già proibitivo, ancora lontano da quello finale dell'operazione, poiché non tiene conto delle spese per il palco e le luci, le grandi torri degli amplificatori, i megaschermi che permettano al pubblico (non pagante, offre tutto S.) di vedere lo show lungo le valli e fino al mare dell'Adriatico.

Più grande è la cazzata più incrollabile è l'energia che la sostiene, quindi ci facciamo tirare dentro da S. e cominciamo a ragionare con lui sulla fattibilità dell'idea: c'è da garantire la logistica per la Band e per il numeroso seguito, e purtroppo occorre anche spianare le sparute case di Parchiule perché, così com'è oggi, il borgo millenario sopravvissuto intatto a guerre e pestilenze non sarebbe a norma dal punto di vista delle misure necessarie per ospitare lo stage plan degli Stones. Insomma, ha molto lavoro davanti, ma nulla che faccia tremare veramente le vene ai polsi del collega S.

Lui sa che questo è IL progetto e non lascerà nulla di intentato fino a che non risuoneranno le note di *Wild Horses* per tutta la valle del torrente Auro (che assieme al vicino Meta dà origine al fiume Metauro).

Non so perché ma, riascoltato oggi per la milionesima volta il progetto, sento che il collega S. riuscirà prima o poi a coronare il suo sogno: già me lo vedo in attesa al casello di Fano con la sua Harley Davidson originale anni settanta pronto a scortare Keith Mick Charlie e Ron e i loro strumenti lungo i tornanti della Statale Flaminia che portano a Borgo Pace e di lì sino a Parchiule.

E ho deciso che alla chiusura del concerto, sulle note di *Satisfaction* e con gli immancabili fuochi di artificio richiesti dalla Band, mi permetterò di stappare in suo onore una bottiglia di Bianchello del Metauro da far assaggiare anche alla Band per accompagnare la crescia sfogliata con i salumi. Di cui ignoro se Keith Richards sia ghiotto, ma a questo punto, chissenefrega. Tanto ormai a Parchiule i suoi riff li ha suonati.

***

Soprattutto provare sempre a infilare le proprie convinzioni in prodotti sfacciatamente d'intrattenimento. I contenuti seri, per passare, hanno bisogno di leggerezza.

***

Lo spunto gettato in riunione all'improvviso sembrò a tutti geniale.

Gli autori presenti cominciarono con entusiasmo a lavorare allo sviluppo di quell'idea semplice ma perfetta, in un crescendo di trovate e di battute efficaci culminate in un finale brioso e spumeggiante.

Erano tutti in stato di grazia, nessuno escluso: il risultato finale di quella sessione fu un monologo a detta dei testimoni memorabile, potente, commovente ma anche spiritoso e pieno di riflessioni acute.

Un capolavoro inutile.

Perché nella stanza a fianco, senza avvisare nessuno, avevano deciso di cambiare il tema della puntata.

***

In una pausa pranzo sfruttata con destrezza ho battuto sul filo di lana il celebre collezionista e bibliofilo e gli ho sottratto anticipandolo di due minuti il rarissimo librino dada per il quale avrebbe serenamente violato almeno 18 articoli del Codice Penale scegliendo tra i reati più efferati e disgustosi. Ora lo sconfitto si aggira per Milano maledicendo il caffè che gli è costato quel tesoro perduto e cercando di capire chi osa possedere al suo posto l'incunabolo. Spero che il segreto resista fino a quando non lo incontrerò in qualche trasmissione e da lontano gli confesserò di essere io.

***

Fra tutte le raccomandazioni ricevute in questi decenni, ricordo con particolare affetto quella del consigliere d'amministrazione che aveva un cugino vignettista. Lo raccomandava, ma con obbligo di non dare corso alla segnalazione.

***

Edoardo Sanguineti intrattiene per quasi venti minuti il pubblico di prima serata sul materialismo storico, l'attualità del pensiero di Antonio Gramsci e le teorie di Adorno.

Smarrimento del pubblico in sala, che rapidamente noi cinici televisivi convertiamo in quantità di crepitio dei telecomandi a casa, e tensione che si scioglie in un applauso liberatorio della serie "bentornati negli anni duemila", quando il Poeta racconta che una volta per gioco ma neanche tanto presentò una sua canzone a un Festival di Sanremo ma era talmente brutta che benissimo fece Pippo Baudo a segarla brutalmente.

***

Carissima Michelle Obama,
se, come dicono i miei colleghi, la Sua resistenza ad accettare di intervenire come ospite di questo show nasce dal fatto che, per dirla con loro – mi scuserà, ne sono certo –, del programma a Lei "non gliene può frega' de meno", mi permetto di dissentire da questo atteggiamento; una buona ospitata in un Paese tradizionalmente Alleato può costituire un valido trampolino di lancio anche per ambizioni personali, se capisce quello che intendo dire.
La lascio con questa riflessione che sono certo saprà fare breccia nel Suo cuore e nella Sua mente. Segnalo inoltre che in concomitanza con la Sua partecipazione al programma sarebbe possibile organizzare una visita guidata e gratuita all'Acquario di Genova, sponsor del programma, per Lei e un accompagnatore di Suo gradimento.
Riuscirà ancora a non rispondermi?
Non credo, e attendo Sue.

***

Ogni giudizio sommario su artisti, spettacoli, canzoni o film è rivedibile alla luce dell'età in cui lo hai espresso per la prima volta.

***

Per anni si raccontò di quell'autore che un giorno aveva centrato in testa con il suo cellulare uno spettatore che a suo giudizio rideva alle battute nel momento sbagliato.

***

I pensieri di seconda mano hanno il rassicurante profumo della cucina di mamma, sono sempre uguali e piacciono a tutti. L'importante è riconoscerli come tali, cioè avanzi, e non spacciarli per il nuovo che avanza.

***

Il vantaggio incalcolabile di dare inizio alla riunione con la consapevolezza che, a un certo punto, esclamerò con feroce nonchalance:

"Come sapete io questa cosa la facevo vent'anni fa".

***

L'impresario che porta negli show italiani le star internazionali non parla una parola d'inglese. Devo rivedere il concetto "Studia le lingue se vuoi lavorare con l'estero".

***

Litighiamo per ore con toni deplorevolmente accesi e rischiando più volte che la situazione sfugga di mano a tutti, riguardo la necessità di riequilibrare politicamente il programma per non incorrere nelle sanzioni del Garante.

Improvvisamente lo stesso Dirigente che ci aveva terrorizzati a inizio riunione fa il suo ingresso nella stanza dove ormai stiamo per venire alle mani, per dire che in effetti sì il problema di riequilibrio c'è, ma riguarda un'altra trasmissione.

Come se niente fosse, torniamo a scrivere sulla lavagna gli ospiti di prima.

***

La prima riunione a casa sua avrebbe dovuto farmi capire tutto. Perché ho accettato lo stesso di scrivere il programma?

Elenco delle conseguenze inevitabili:

- malumore e inquietudine diffusa;
- odio feroce per la mia disponibilità contro ogni logica;
- ricerca di ogni scusa plausibile per mollare;
- fuga.

***

È andata così: la Casa di produzione ha portato al Dirigente tre progetti. Il Dirigente ha accuratamente evitato la presentazione video dei suddetti, preferendo leggere distrattamente la paginetta di spiegazione di ciascuno. Per sceglierne – a caso – uno.

La Casa di produzione ha così venduto al Committente spacciandolo per Format norvegese un programma che lo stesso Committente, con altro titolo e produzione interna, ha mandato in onda negli anni novanta per cinque stagioni di seguito.

La scelta del Conduttore è stata affidata alla Casa di produzione. Che ha indicato un Conduttore evidentemente inadeguato.

Una volta sistemate tutte le voci sbagliate nelle caselle sbagliate, si è decisa la data di messa in onda di lì a tre settimane.

L'insuccesso invece è stato preassegnato agli autori.

***

Quando entra in redazione mette sempre addosso una certa inquietudine. Non sei mai tranquillo con lui, completamente tranquillo, voglio dire. Al punto che non ho mai biasimato, né considerato pazzo chi decide di rinunciare al suo clamoroso talento in cambio di una qualità della vita migliore per sé e per gli altri.

Negli anni ho capito che non si tratta solo della paura di litigare o dei tanti episodi di scontri di opinione finiti a sediate: l'inquietudine nasce dall'imprevedibilità per cui è in grado di cambiare idea senza nessun segnale preventivo in quel senso, e di punto in bianco rompere un accordo, un contratto, smontare un testo, uno sketch. Tu lo sai e, se non hai la forza di sopportarlo, lo eviti. Io penso che non si possa mai rinunciare al talento puro e lo sopporto. Anche quando, come oggi, non lo sopporto.

***

A otto anni nel cortile in cemento sotto casa con una rovesciata spettacolare salvai sulla linea della porta immaginaria un goal certo. A tutt'oggi risulta la cosa migliore che ho fatto.

***

Mando un messaggio allarmato all'importante dirigente dell'azienda con cui sto collaborando, nel quale chiedo rassicurazioni sul futuro mio, dell'azienda in questione e implicitamente anche suo.

Mi risponde con un vocale allegro nel quale racconta che ha appena fatto un viaggio in aereo in compagnia di Tony Dallara. E chiude accennando il ritornello di *Come prima*, intramontabile hit di Tony. Nessun riferimento ai temi del mio messaggio né alle conseguenze del più che probabile riassetto societario che avrà non poche ripercussioni al vertice, tantomeno qualche considerazione sul disastroso bilancio appena pubblicato, figurarsi una riflessione sulle scelte editoriali tutte sbagliate di una stagione piena di flop già pronta a replicare i fallimenti in quella a venire.

Deduco con piacere che vive il suo mestiere con una serenità che non avrò mai. Torno a casa canticchiando anche io "Come prima, più di prima t'ameròòòòòòòòòòò".

***

Era così bello litigare.

***

La pazienza, l'arte del rammendo necessaria nelle quotidiane discussioni e nelle rotture che continuamente in questa stanza si producono sono viste come qualità casalinghe, da tinello. Per me, invece, sono gli indispensabili ferri del mestiere.

***

Invidio moltissimo quelli che ricordano ogni dettaglio dei libri che hanno letto, dei film che hanno visto, delle conversazioni che hanno sostenuto nel corso degli anni con chiunque.

Io non ricordo nulla a distanza di un giorno. Posso tranquillamente rileggere un giallo e godermi la trama senza sospettare minimamente chi sia l'assassino.

E a ogni passaggio televisivo di un film che ho sicuramente visto al cinema, rido o piango sempre come fosse la prima volta.

Ogni tanto mi appunto delle frasi del libro o delle sequenze del film per memorizzarle. Ma in genere non ricordo dove le ho appuntate.

***

Uno era stato contrattualizzato in quanto massimo esperto di cinema; il suo contributo durante i sei mesi di produzione del varietà fu la frase: "Magari sbaglio, ma credo che la crisi del nostro cinema sia iniziata quando ha smesso di produrre titoli meravigliosi come *La corta notte delle bambole di vetro*".

***

Comico: "Sono venuto con una valigia piena di dubbi".

Noi: "Quali?".

Comico: "Ho paura che dieci minuti a puntata siano troppi".

Noi (*all'unisono e senza averlo deciso prima*): "Infatti sono cinque".

Comico: "Allora non ci sono più dubbi".

Così nacque il sodalizio.

***

Dopo una riunione tiratissima e sempre sul punto di esplodere, esce il nome dell'ospite giusto.

Contattato telefonicamente, lui prende tempo, prima con le consuete giustificazioni superabili da uno stagista alla seconda esperienza professionale, quindi ammettendo di fronte alle insistenze dell'interlocutore il vero motivo dei dubbi, cioè a dire che troppa esposizione televisiva potrebbe risultare nociva al suo profilo di potenziale candidato alla

Presidenza della Repubblica. Ora, con la stima assoluta per l'illustre potenziale ospite, siamo tutti ragionevolmente convinti in redazione che siano almeno sessanta prima del suo i nomi su cui potrebbero convergere i voti della maggioranza dei Grandi Elettori. L'episodio in sé è dunque derubricabile a focolaio improvviso di narcisismo e conferma la Grande Legge Generale: la cultura, l'uso di mondo, l'esperienza, il disincanto, il buon senso svaniscono irrimediabilmente quando chiunque di noi giudica se stesso.

Comunque, alla fine decide di accettare l'invito.

***

(Nelle lunghe ore in attesa della diretta gli autori anziani si siedono intorno al computer e incominciano a narrare storie antiche, quasi leggendarie, forse vere, sicuramente verosimili. Gli autori junior e gli stagisti sanno che in questi casi possono vivere esperienze che loro non conosceranno mai.)

Storia del Super Ospite capriccioso

Il corteggiamento del Super Ospite durava ormai da diversi anni, ma ogni volta un impedimento dell'ultima ora faceva crollare il castello delle sfinenti trattative per averlo in trasmissione. Feroce come un colonnello alsaziano della Legione straniera, fingeva pubblico entusiasmo per la proposta che in privato boicottava con compiaciuta perfidia.

Così ogni volta si ripartiva da capo. Ostaggi dei suoi leggendari capricci.

• Un anno, durante una cena in un ristorante tra le montagne profonde della Svizzera, gli venne voglia di un piatto di pesce; alle timide nostre obiezioni si impuntò teatralmente: voleva mangiare pesce, a tutti i costi.

Qualcuno dovette farsi duecento chilometri per recuperare una sogliola a Zurigo, che peraltro, alla fine, venne apprezzata solo parzialmente.

• Un accordo fu respinto all'ultimo minuto perché non si trovava l'inchiostro bordeaux considerato di buon auspicio.

• Durante una riunione uno chef dovette tostare pannocchie di mais fresche, e rigorosamente per 3 minuti.

• Gli incontri potevano avvenire solo in stanze d'albergo poste in un piano dispari superiore al 25 con una temperatura regolata perennemente sui 26 gradi centigradi.

• A tavola, la birra doveva essere del Belize, l'acqua naturale proveniente da una sorgente dello Swaziland, quella frizzante solo generata da un erogatore costruito dai tecnici della McLaren, il latte di mucche gemelle e il caffè in una miscela di 19 chicchi così composta: 3 dello Stato del Minas Gerais, 5 digeriti e poi defecati dal mitico zibetto, animale che si nutre di chicchi di caffè, 11 di caffè Kimbo in omaggio a Pippo Baudo, l'unico che sia riuscito ad averlo ospite.

• Con lui dovevano essere presenti alla riunione, e spesso anche in trasmissione, il suo manovale ibizenco di fiducia, tre ballerine del Sambodromo di Rio, ma orrendamente conciate con gonna da pizzica, e un veggente cieco e sordo che si esprimeva in dialetto veronese.

• Il camerino doveva essere di colore rosso pompeiano dalle 8.00 alle 13.00 e di colore giallo Van Gogh dalle 13.00 alle 24.00.

• A dipingere le pareti doveva essere in ogni caso un parente certificato di Van Gogh.

• Tra le dotazioni richieste, anche 400 metri di filo spinato e un jukebox con tutti i 45 giri di Sylvie Vartan.

• Quella volta era tutto fatto, compreso l'otorinolaringoiatra reperibile ventiquattro ore al giorno per somministrargli antinfiammatori, ma purtroppo al momento della firma un dirigente gli porse come gesto estremo di lusinga una rosa Royal Marbré, esemplare da lui amatissimo e ovviamente rarissimo.

Appena la ebbe in mano, il suo sguardo si corrucciò e volse dal sorriso disteso al profondo disprezzo. Senza dire parola si alzò e insieme al manovale ibizenco lasciò la stanza.

A una successiva indagine fu chiara la tragedia: la rosa misurava 15,5 centimetri.

0,5 in più del tollerato.

***

A causa di un problema di salute non potrà essere presente in studio per la puntata e per ovviare all'inconveniente si decide di organizzare un collegamento da uno studio esterno. Propone di scenografare la sede del collegamento ricostruendo nei dettagli un cesso, per scherzare sui suoi disturbi intestinali.

Non serve nemmeno dirlo, è già chiaro dagli sguardi amareggiati di tutti noi: può avere tutto il successo del mondo ma non capirà mai fino in fondo perché.

***

A chi posso chiedere i danni per il mio carattere?

***

Dialogo tra un Venditore di Format e un Direttore artistico

V.: Allora, abbiamo questo incontro dopodomani con la Rete, è un'opportunità molto interessante perché si tratterebbe di un bel numero di puntate. Loro si aspettano un progettino abbastanza completo. Cioè, non proprio il Format già pronto, ma una proposta articolata in modo abbastanza preciso da fargli visualizzare l'idea complessiva che abbiamo.

D.: Va bene.

V.: Hai visto le loro richieste, è ovvio che come obiettivo dobbiamo cercare di dare la risposta migliore a quei desiderata.

D.: Ho appena letto il brief...

V.: Be', è molto chiaro.

D.: Sì, in sintesi direi che cercano una prima serata.

V.: Bravo, esatto, il focus centrale è quello.

D.: Va bene... Altri elementi su cui lavorare secondo te?

V.: Leggerezza. E intelligenza.

D.: Ok, immagino non necessariamente in quest'ordine.

V.: Chiaramente si deve anche trattare di una cosa innovativa, cioè ci dobbiamo presentare con un prodotto che abbia queste caratteristiche ma che sia anche in linea con il posizionamento della rete... sai che loro ci tengono molto a mantenere il loro brand alto... laureati, classi dirigenti, benestanti... grande qualità, scrittura alta, estetica rivoluzionaria...

D.: Questo però ci porterebbe a escludere tutti i progetti che abbiamo sviluppato in questi anni.

V.: Secondo te non si potrebbe tirare fuori qualcosa dal Format cambogiano che dovevamo vendere alla piattaforma, stressando molto l'idea di partenza del gioco di società e mollando la parte delle penitenze?

D.: Lavorandoci da subito penso di sì, ma tu vuoi ottenere una cosa più sulle dinamiche di gruppo o più sulle caratteristiche dei singoli?

V.: (*lunga pausa di riflessione*)... direi cinquanta e cinquanta: ci serve un'idea che abbia per protagonista un gruppo coeso in cui, per qualche ragione che va trovata da voi autori, possano emergere le singole qualità.

D.: Volendo, ci sarebbe anche la proposta di G.

V.: L'Almanacco comico?

D.: Sì, sono anni che proviamo a piazzarlo.

V.: Mmmmmm, non so… rischiamo di andare oltre il brief… cioè loro cercano un programma brillante ma non dichiaratamente comico. Al limite la comicità può essere un elemento tra gli altri nello sviluppo narrativo.

D.: Tipo varietà di una volta…

V.: Esatto… Una cosa del genere…

D.: Su questa linea abbiamo diversi Format.

V.: Però attenzione, tutto quello che mi porti va rivisto alla luce di quello che ci siamo detti.

D.: Be', certo.

V.: Posso confermare l'incontro, allora?

D.: Direi di sì, adesso convoco una riunione e ci mettiamo al lavoro su qualche proposta già abbozzata per altre committenze, per eliminare gli elementi incongrui e valorizzare quelli coerenti con le richieste della rete.

V.: Perfetto… lavora con i tuoi in questa direzione allora. Mi fido di te… guarda che non voglio più sapere nulla fino a quando non mi porterai le proposte… sai che non amo interferire nel lavoro autorale.

D.: Va bene, mi metto all'opera.

V.: Intanto io penso al titolo, sento che dev'essere determinante nella loro scelta, a prescindere dal contenuto.

D.: Sì, va bene, eventualmente poi pieghiamo l'idea di base di quel tanto che serve a giustificarlo.

V.: A domani.

D.: A domani.

***

Saltano due ospiti di seguito.

Prima l'anziano poeta colpito da un grave problema di famiglia, e subito dopo il suo sostituto, il brillante attore che non se la sente di venire a causa di un non meglio precisato litigio con il regista del suo spettacolo. Resta misterioso il nesso tra un'ospitata in tv e un bisticcio a teatro, ma nessuno ha voglia di approfondire. Fino a qualche anno fa una doppietta come questa ci avrebbe gettato nello sconforto, e forse sarebbe stata causa di atroci punizioni corporali da carcere guatemalteco.

Oggi, questi incidenti entrano nella conversazione come amabili diversivi davanti a un piatto di salumi consumati nel ristorante dove pranziamo a menu fisso tutti i giorni.

E al momento del caffè, un nuovo ospite (commosso per l'invito) è già stato trovato.

***

Mi telefona M. in cerca di un consiglio: è incerta se far rilasciare un'intervista di replica al Conduttore o impostare una strategia del silenzio. Entrambe le opzioni le appaiono contemporaneamente efficaci e perdenti.

Io sono a casa alle prese con i bambini e candidamente le dico: "Di questa vicenda in questo momento così bello non mi importa nulla".

M. ha un attimo di sbigottimento, quindi cede e quasi urlando al telefono confessa che anche lei vuole un uomo e vuole vivere una vita normale.

So benissimo che tra un attimo questa sospensione magica lascerà il posto a un ritorno della realtà e che si ripartirà con la limatura dei virgolettati da affidare alle agenzie di stampa, ma quel lampo di realtà oggi ha vinto.

***

Dalle 18 in avanti di ogni giorno comincia la corsa a convincersi reciprocamente di quanto siano buone le stesse idee che fino a poco prima ci sembravano idiote.

E se qualcuno mi chiedesse perché mai dovrebbe venire al mio funerale?

Semplice: per il menu del Funeral Party con il quale ho voluto fare un omaggio alla Liguria e alle opere di uno dei suoi figli migliori, Camillo Sbarbaro.

PRIMIZIE

(gianchetti)

TRUCIOLI

(trofie al pesto avvantaggiato)

PIANISSIMO

(zuppa di pesce)

RIMANENZE

(cima ripiena)

FUOCHI FATUI

(amaretti di Sassello)

GOCCE

(Pigato)

CONTAGOCCE

(Barolo chinato)

Quando mia mamma, mentre con una scopa puliva le scale del condominio – io la seguivo con la paletta in mano per catturare i residui di polvere e sporco sfuggiti al suo passaggio –, mi raccontava che la Tale "aveva l'Amante", pronunciava quest'ultima parola con una forzatura tragica da melodramma.

E io lasciavo correre la mia immaginazione dentro alcove scure e lussuriose dove si sarebbe consumato l'incontro fatale della seducente cortigiana con il suo bellissimo Ufficiale degli ussari.

Che invece era il geometra dell'Acquedotto.

***

"Che ti devo dire? Speriamo che il pubblico abbocchi anche stavolta."

***

A un certo momento, come Alice che attraversa lo specchio, mi perderò in un luogo silenzioso e tranquillo tenuto ben nascosto dentro di me per tutti questi anni.

***

Il verbale

Contesto: sala riunione centrale, detta Maracanã per via della capienza.

Bottiglie di acqua minerale dello sponsor di trasmissione precedente, nella doppia versione naturale e leggermente frizzante. Macchinetta del caffè con capsule normali e dek. A ogni sedia corrisponde un bloc-notes con lapis. Un vezzo, perché nessuno scrive più a mano da tempo immemorabile.

Le due squadre si dispongono ai due lati lunghi del tavolo king-size e, dopo un breve giro di presentazioni reciproche, (tempo stimato 12 minuti), si siedono contemporaneamente al proprio posto di battaglia.

"Il tema di avere punti di vista diversi non deve spaventarci."

"Ovviamente siamo qui per confrontarci."

"Scusate se intervengo ora ma io devo andare tra cinque minuti."

"Questo tavolo non deve delegittimare le idee."

"Scusate, prendo la parola per una cosa velocissima perché mi aspettano in sede."

"Probabilmente molti di voi saranno d'accordo su quanto sto per dire."

"Davo per scontato che avremmo collaborato su una serie di progetti."

"Alla fine stiamo parlando del niente."

"Ognuno di noi attorno a questo tavolo ha il diritto di scegliere l'opzione che ritiene più efficace."

"Peraltro sono le 13.10, scusate ma devo andare, buon lavoro."

"Buon lavoro."

"Buon lavoro."

"Buon lavoro."

"Buon lavoro."

"Buon lavoro."

"In soldoni, per condividere devo sapere cosa si intende per condividere."

"Queste cose sono esattamente oggetto del tavolo di lavoro."

"Sì, ma le regole di ingaggio quali sono?"

"Scusate, prendo la parola perché devo andare a un'altra riunione."

"È chiaro che il lavoro lo farete voi, insieme a noi perché ci saremo anche noi."

"Scusa, solo una domanda per me molto importante perché sono in ritardo su un altro meeting."

"Vi prego di credere che nessuno sta mettendo in discussione questo aspetto."

"Qualcuno ha visto la partita ieri sera? Io non credevo fosse possibile giocare così male."

"Scusate se torno indietro."

"Non ho capito se noi possiamo decidere se accettare o meno o abbiamo già deciso."

"Diciamo che con quel documento in realtà volevamo solo gettare le basi di un accordo futuro."

"Finora dal confronto non è emerso chiaramente, almeno per me, l'obiettivo."

"Sì, ma nel documento tutta una serie di vantaggi non li vedo."

"Provo a fare una sintesi di tutto quello che avete detto, poi vi devo lasciare che ho un appuntamento dal capo del personale."

"Proposta: ma se mettessimo giù una scaletta delle cose urgentissime da fare?"

"Dico una cosa rispetto al discorso di prima prima."

"Innanzitutto, chi garantisce la riservatezza di questa riunione?"

"Però, scusate, ma nessuno finora ha parlato di costi."

"Credo che a questo incontro saremmo dovuti arrivare con un incontro."

"Detto questo, la mia proposta potrebbe essere interessante."

"Ma cosa c'è dietro questa proposta?"

"Chiedo scusa ma devo proprio andare, buon lavoro."

“Buon lavoro.”
“Buon lavoro.”
“Buon lavoro.”
“Buon lavoro.”

“Per il resto non c’è altro modo se non fare cose concrete perché altrimenti parliamo del niente.”
“Come compito a casa mi porterei senz’altro dei temi da sviluppare.”
“Anche perché il momento è adesso.”
“Aspetta, è questo l’errore.”
“No, però, perdonami, è sbagliata la premessa.”
“Non siamo noi venuti da noi.”
“Sì, ma se avete qualcosa da aggiungere su questo punto basta dirlo.”
“Io scusa però direi che prima bisogna decidere il regolamento, timbrarlo e poi andare avanti.”
“Su questo, per velocizzare i tempi, pensavo che potremmo rivederci.”
“Scusate ma raccogliamo la proposta, poi magari la escludiamo.”
“Ti rispondo da collega.”
“Io se mi permettete vi chiedo un minuto anche se è molto tardi.”
“Premesso che la ricerca l’ho fatta io ma se non l’avessi fatta io oggi avrebbe valore 0.”
“Finora non abbiamo condiviso l’obiettivo fondamentale.”
“Cioè, tu stai dicendo solo cosa portiamo noi, ma cosa portate voi?”
“Scusate io volevo solo dire una cosa perché ho appena riletto il documento.”
“Qui si corre il rischio di perdere di vista l’obiettivo.”
“E infatti, scusate, ma in generale a parte il sottoscritto io non conosco nessuno.”

"Ciascuno deve definire i propri ruoli con esattezza, dopodiché ci dividiamo in gruppi."

"A questo ti rispondo io perché poi devo proprio andare."

"Il documento è solo una bozza."

"Il concetto è: partendo dallo scenario fare quello che nessuno ha ancora fatto."

"Diciamo: mi piace, non mi piace e poi andiamo avanti."

"Allora fammi un esempio di regole."

"Quello che voglio dire ma poi vi lascio proseguire e vi lascio."

"Non so come spiegare ma non potevo deciderlo io ma neanche tu."

"Io non ho capito l'idea."

"Ci sono ancora delle incomprensioni ma è un tavolo tecnico."

"Il problema che è stato sollevato va discusso in altra sede."

(*il tono della discussione sale di decibel*)

Entra in scena un signore molto elegante che prende dall'attaccapanni un cappotto: "Scusate se mi intrometto ma credo stiate parlando di argomenti diversi".

"..."

"Che riunione è questa?"

"..."

"Pianificazione Progetto X."

"Analisi dei nuovi Format."

"Riunione Budget semestre giugno-dicembre."

"..."

"..."

"..."

"Buon lavoro."

"Buon lavoro."

"Buon lavoro."

***

Dei provini di oggi la sola cosa che mi pare degna di nota è il nome d'arte scelto da un concorrente siciliano: Raul Tabù.

***

Di tutte le sciatterie possibili di questo mestiere, quella che mi irrita maggiormente è la storpiatura del mio nome o del mio cognome. Detesto essere chiamato Piero e odio chi mi saluta dandomi del Galeazzi o del Galavotti o del Castellotti o del Cavallotti. Ma ciò che odio di più è che non riesco mai a trovare la forza di correggere l'errore per una malintesa forma di timidezza che mi impedisce di rivendicare la mia autentica anagrafe.

Talvolta, se presente, mi viene in soccorso un collega, altrimenti non resta che sperare che la nuova identità sia migliore dell'originale.

***

Ci si imbatte all'improvviso in un vecchio amico emerso dalle chiacchiere del mio interlocutore. Lo riconosco subito anche senza che se ne sia fatto il nome.

Esce a pezzi dalla descrizione.

Mi chiedo come sarò io nei racconti degli altri.

***

Al telefono con l'attrice che vuol essere rassicurata sul contenuto dell'intervista nella prossima puntata. Le spiego il nostro punto di vista sul film che ha interpretato. Si sorprende assai nello scoprire che il suo film lo abbiamo visto realmente e non ne parliamo così, per sentito dire. Il tono, fino a qui freddo, diffidente, diventa quasi allegro.

Persino l'inflessione cambia e diluisce da un vago accento british a uno che lascia intravedere un passato nemmeno troppo lontano di pastorizia.

E se lei non si prendesse così sul serio sarebbe anche molto simpatica.

***

Estenuante discussione di ore per tagliare un minuto di trasmissione e scoprire poi che si parte con cinque minuti di anticipo sull'orario previsto di messa in onda.

***

Non ho desideri che non possa cambiare entro la mezzanotte di oggi.

***

Terza Legge Fondamentale della Riunione

Quando durante una conversazione uno qualunque degli autori presenti pronuncia ad alta voce e scandendo con precisione le parole "Vi ricordate di quel programma di merda?", inevitabilmente alle sue spalle comparirà il Conduttore del programma in questione.

***

C'era una volta un nobile decaduto, ma ancora molto aristocratico nei modi e negli accenti, che una serie di vicissitudini che mi sarebbe piaciuto conoscere aveva portato sino all'infernale mestiere di creativo in un'agenzia pubblicitaria.

Quando, finita la riunione, indossava un largo mantello di loden e usciva dalla stanza salutando con nobile distacco, pensavo con soddisfazione che mi trovavo di fronte a un autentico caso di braccia rubate alla caccia alla volpe.

***

Mark Knopfler, prima di suonare in trasmissione, ha chiesto un minestrone. Smarrimento tra i fan. Che non sanno che il minestrone della mensa Rai di corso Sempione è più lisergico del peyote.

***

Mia mamma da sempre interrompe a metà la telefonata quotidiana per chiedermi i risultati di ascolto di questo o quel programma. Con il tempo ha affinato gli strumenti: la mattina controlla la pagina di Televideo dedicata all'Auditel e sulla base dei numeri letti attribuisce sue personalissime pagelle ai realizzatori della trasmissione. Ogni eventuale oscillazione al ribasso di un mio programma diventa motivo di critica sulla qualità del mio lavoro.

Io replico, ma niente.

È più feroce dei miei datori di lavoro.

***

Quelli che…

hanno visto Enzo Jannacci togliersi le scarpe in diretta tv e improvvisare un balletto.

"Enzo, ma perché ti sei tolto le scarpe?"

(*risponde in jannaccese puro*)

"*Pulp Fiction*, ho fatto *Pulp Fiction*."

***

Sono la persona meno interessata al futuro della mia persona.

***

Hommage á Cocteau

Penso
Immediatamente
E
Ti
Rispondo
Oggi

***

Il poeta mio concittadino Camillo Sbarbaro mi perdonerà se piego ai miei interessi una sua frase che amo moltissimo:

"*Autore è con chi puoi stare in silenzio*".

E invece, purtroppo, anche oggi c'è qualcuno che sbraita le sue proposte.

Provo già fastidio per la musica appena alta nei locali o peggio nei ristoranti, ma più di ogni altra cosa detesto quelli che gridano le loro opinioni o chiedono la parola e, forse per paura di perderla o di trovarci distratti ad ascoltarla, alzano in modo sistematico il volume della voce fino a raggiungere sonorità stordenti.

Spesso inciampo in questi amplificatori umani anche nella vita privata ma almeno lì posso tenerli a svariati metri di distanza; li disprezzo e li temo quando invece me li ritrovo nella stessa piccola stanza da riunione inevitabilmente indifeso ed esposto alla gazzarra che metteranno in scena.

Con l'altro feroce odiatore di chi alza il volume per imporre i pensieri, di chi trasforma ogni conversazione in un'assordante sfida a colpi di decibel, decidiamo per provocazione di disinnescare lo scalmanato di turno con la più perfida delle azioni di guerriglia: alla prima cazzata strillata a pieni polmoni dallo squilibrato rispondiamo uno dopo l'altro a un volume impercettibile così da costringerlo, per seguire il nostro ragionamento a fare e a chiedere completo silenzio, e nel silenzio ottenuto finalmente lavorare.

***

Siamo estenuati, stiamo lavorando da ore a limare asciugare perfezionare questo testo. Ora ci sembra finalmente buono, si tratta solo di scrivere la battuta di chiusa, quella che nelle intenzioni dovrebbe strappare un sorriso al pubblico in sala e ai telespettatori. Ne esce una, che ci sembra particolarmente efficace. In effetti tutti ridiamo e conveniamo che "funziona". Ma dall'altra parte del tavolo arriva, implacabile, la sentenza di morte:

"*Topo Gigio queste cose non le dice*".

***

Piazza Sforza Cesarini, Roma. L'appuntamento è alle 12. Io arrivo alle 11.30 direttamente da Milano. Si presenta alle 11.40.

Cappotto, camicia bianca e papillon. Elegantissimo.

Non mi conosce, quindi mi avvicino e mi presento e subito mi chiede se sono sposato (devo esibire la fede nuziale per conferma), quanti figli ho, come va a casa.

Facciamo il nostro ingresso al ristorante alle 12 in punto, e il cameriere che ci accoglie non mostra alcuna sorpresa come ci si aspetterebbe in questo orario che a Roma odora ancora di cappuccino.

Ordina per entrambi due piatti di vitello tonnato con patate e una bottiglia di vino rosso.

Mi racconta la storia del fidanzato, un caporalmaggiore dei Marines, che dava scandalo a Firenze e da lì si produce in un fuoco di fila di storie, aneddoti e citazioni avvolti in un garbo impareggiabile, elegante come il suo portamento, delizioso come il suo accento impeccabile.

Quando ci alziamo dopo svariati bicchieri di whisky, paga il conto in contanti con gesto antico, prima di congedarmi con il vezzoso attributo di "bellissima bambina".

Provo un fortissimo desiderio di piacergli in questo innocente gioco di seduzione.

***

Di quel disastroso periodo passato alla storia di famiglia come "papà è impazzito e vuol fare l'imprenditore" ricordo, tra gli altri, due episodi: una cena a casa del repellente geometra durante la quale avevo osato blandamente criticare il menu (patate al cartoccio) e per questo ero stato platealmente schiaffeggiato da mio padre.

E poi, l'ispezione della Guardia di finanza nella sede dell'Azienda. Che purtroppo coincideva con il modesto appartamento in cui abitavamo. In conseguenza della quale un gruppo di Finanzieri in divisa d'ordinanza si insediarono per un paio di settimane nella mia cameretta cercando di dare un senso a quei fogliacci sparsi pomposamente ribattezzati "archivio", mentre io cercavo di ripassare Applicazioni Tecniche.

Mia madre un sabato a pranzo tentò di corromperli con una memorabile tagliatellata (le tagliatelle fresche tirate a mano con il mattarello sono ancora la sua specialità), ma ottenne solo un plauso collettivo e un impercettibile sconto sull'inevitabile sanzione.

Calcolammo che in soli due anni il capriccio del papà Imprenditore ci aveva lasciato con molti più debiti di quando eravamo partiti.

Io che frequentando quell'anno la prima media avevo il titolo di studio più elevato in famiglia, fui incaricato di scrivere la lettera alla Confartigianato della Liguria in cui si dava notizia della cessazione di attività della piccola impresa con conseguente estinzione dei debiti.

Il testo doveva essere breve ma contenere tutti gli elementi necessari per commuovere e indurre a clemenza l'interlocutore, il tutto con uno stile brillante che fingesse serenità e disinvoltura.

Senza saperlo, stavo facendo il mio esordio come autore televisivo.

***

Nell'arco di pochi mesi della stessa Produzione siamo passati da "La gente, se la vuoi far ridere, si incazza" a "La sera la gente vuole ridere".

***

Alla fine, non so se riuscirò mai a capire se in tutti questi anni sono stato largamente al di sopra o largamente al di sotto delle mie capacità.

E non mi aiuta il giudizio degli altri.

Come quella volta che, pensando io non ascoltassi, alcuni colleghi parlavano di me non ricordo più a proposito di cosa e D. a bruciapelo disse: "Ho l'impressione che noi lo consideriamo Richelieu e lui invece sia Mirko dei Beehive".

***

Sento al telefono l'ospite per concordare le scene dei film da mandare in onda a corredo dell'intervista (a margine: da tempo trionfa l'espressione "vestire l'intervista" per la quale proporrei una pena variabile dai 15 ai 30 anni di confino).

Non riesco a dargli del tu: sento la distanza che lui mette nella conversazione, credo per timidezza, senza cercare quella forzatura di intimità che risulta così falsa e irritante.

Lo capisco.

Mi ci ritrovo.

***

Appunto questa frase come ricordo più significativo della riunione: "*Il bucato delle famiglie modeste odora di pulito*".

***

In tempo di crisi, e in ogni caso una volta superati i cinquant'anni, la cosa più urgente da fare per un autore è aggiornare l'elenco dei ristoranti che non si può più permettere.

***

Gli occhi di Nik Novecento erano inafferrabili, contenevano il massimo del candore e dell'innocenza ma erano al tempo stesso rapaci, affamati di vita e di stupore.

Lavoravamo insieme in un programma del pomeriggio e uscivamo molto spesso la sera io e Nik, in una Roma anni ottanta che per due ventenni di provincia era infinita.

Ma soprattutto eravamo due coetanei, io di gennaio lui di febbraio, che cercavano di divertirsi allora, e ci riuscivano con una certa abilità.

Per il futuro invece Leonardo Sottani (il vero nome di

Nik) si era messo in testa di conquistarla, Roma, con la sua miscela vincente di simpatia e spontaneità. E ci sarebbe riuscito in pochissimo tempo, lo sapevamo tutti.

Il cinema, la televisione, il successo, le interviste: intorno a lui tutto accadeva a cento all'ora.

E poiché la vita con lui era incredulità e stupore, anche la sua morte a ventitré anni non poteva essere da meno. Un difetto del cuore, il suo ferro del mestiere, quello che lo distingueva da tutti e lo rendeva unico. Il cuore grazie al quale era riuscito in pochi mesi a farsi amare da tutta Italia lo aveva tradito una notte di ottobre.

Il giorno dopo Nik avrebbe dovuto essere in trasmissione a raccontare le sue storie strampalate, a offrire le sue opinioni candidamente disarmanti.

E noi ci saremmo lasciati ancora una volta sedurre dagli occhi di Nik Novecento.

***

Non ho ancora firmato questo contratto e sono già pentito. Questo committente procede per inerzia con le sue convinzioni antiche, malamente camuffate con spruzzate di finta contemporaneità.

Gli autori sono stanchi mentalmente, impigriti dalle troppe produzioni tutte uguali, e in continua transumanza da una redazione all'altra senza un centro di gravità permanente.

Poi qualcuno propone come ospite Rocco Siffredi. In questi casi da sempre mi viene da tradurre in ironia il disagio e per puro spirito polemico, replico a voce alta:

"Renzo Piano".

"Sgarbi."

"Claudio Magris."

"Patrizia De Blanck."
(*dopo una estenuante pausa di sfida*)
"Michelle Obama."

Persino il vecchio dirigente che da oltre dodici anni non prende un'iniziativa alza lo sguardo e mi fissa come se si fosse materializzato nella stanza il Mitico Thor con costume, elmo e martello d'ordinanza.

Poi ripiomba il silenzio e tutto torna a muoversi impercettibilmente verso la messa in onda.

***

In via Asiago, nell'appartamento violentato da miriadi di faldoni di vecchie produzioni, c'è fermento.

Si discute, si urla, si gesticola come in una serie di Netflix. Poi arriva il Conduttore. E con un volo a planare si torna dentro la realtà del nostro programmino.

Non si può rimproverare nulla a questo Conduttore, aspetto trasandato a parte: è appassionato, lavora molto, si occupa di tutti gli aspetti della produzione nel lodevole tentativo di armonizzare le forze a disposizione e farle convergere verso l'unico obiettivo: fare ascolto.

Ma non centra mai il bersaglio perché parte dall'idea di dare al pubblico ciò che piace al pubblico e non ciò che è sincero.

***

La riunione in cui uomini adulti e di buone letture parlano seriamente per ore di come risolvere il problema di mandare in onda un programma condotto da Mina e Celentano partendo dalla premessa che Mina e Celentano non intendono apparire.

Non lo so, oggi sono molto insicuro.

Alla fine verranno davvero tutti al mio funerale? Tutti quelli che dicono di essere disposti a farlo, naturalmente.

E se me lo dicessero solo per farmi contento, ma in realtà poi non si presentasse nessuno?

Tutte quelle trofie andrebbero sprecate?

Non voglio confessare che poi in fondo io vorrei vedere quei due o tre. Potrebbe costituire un alibi per tutti gli altri.

Oggi faccio un giro di telefonate per conferma.

P.S. Devo ricordarmi di preparare a parte un piccolo elenco di quelli che non voglio assolutamente vengano a mangiare le mie trofie.

Eccellentissima Michelle Obama,
Le riscrivo a nome e per conto del programma in oggetto per spingerLa a considerare la possibilità di un Suo intervento nella nostra trasmissione.
Non avendo ricevuto da parte Sua alcun riscontro alle numerose mail che Le ho inviato in questi mesi, nel nostro team comincia a serpeggiare un certo malumore e qualcuno dei miei colleghi si spinge a scommettere che Lei non sarà mai ospite dello show.
Anche il fatto, che io ritengo un mero dettaglio, che non sia prevista per Lei nessuna forma di compenso viene considerato un elemento non favorevole alla riuscita dell'operazione.
Io tuttavia confido che ci sia margine per un esito positivo e a questo proposito mi permetto di suggerirLe che, se riuscisse a convincere Suo marito, Dott. Barack, a partecipare alla trasmissione insieme a Lei, l'Ufficio Scritture potrebbe riprendere in considerazione la trattativa e venire incontro a qualcuna delle Vostre richieste.
Ricordo che purtroppo la mancanza di precedenti (non risulta siate mai stati ospiti nelle nostre trasmissioni fino a oggi) non consente al suddetto Ufficio Scritture di andare oltre l'offerta standard di 250 euro lordi (corrispondenti a 294,65 $).
Confido in una Sua risposta celere per attivare le pratiche e cortesemente Le chiedo se possa fin d'ora indicarmi il tipo di bevanda e la frutta preferita per allestire il camerino Suo e di Suo marito.
Con stima immarcescibile.

***

Si ragiona sul futuro. Ma il futuro che volevo io è passato. Quello che sta per arrivare non mi interessa più.

***

L'incontro è fissato presso il bar di riferimento della Televisione di Stato. Un locale che a me mette una malinconia pari solo a quella provata nel vedere certi piccoli circhi di paese con gli animali scarsi e il tendone rattoppato.

La clientela base è costituita da parassiti che vivono degli avanzi di palinsesto di questa o quella (più quella) rete.

Il mio interlocutore è potente, con il vezzo di fingere il contrario.

Parla subito malissimo di tutti, anche di gente ormai collocabile nella tv in bianco e nero. Appunto mentalmente che potrebbe salire senza fatica sul podio degli squilibrati in cui mi sono imbattuto in tutti questi anni.

***

Teorizza che se sai suscitare una reazione, hai fatto il tuo lavoro. Perché, dice, si fallisce solo quando non ottieni nessuna reazione.

Aggiungerei che non è bello nemmeno quando la reazione c'è ma è quella sbagliata.

***

Poi ci sono quelli che teorizzano la tv ventiquattro ore al giorno sette su sette.

La tecnica è per tutti la stessa: iniziare un discorso lunghissimo cercando contemporaneamente di capire la frase, la parola, il concetto che sappia destare una reazione negli interlocutori.

Quindi attaccarsi a quella e tirarla come un filo sul quale appendere il resto del discorso.

Concludere dicendo: “Ma tanto ormai per questi ragionamenti è troppo tardi”.

***

Alle ore 16.20 odierne di fronte a numerosi testimoni, il Conduttore a una proposta di servizio fatta da un autore così rispondeva:

“Questo papa non fa audience”.

***

Di qualunque incarico si parli, purché di grande responsabilità e prestigio, mi rendo conto che mi sorprendo sempre a pensare:

“Questo lavoro io lo farei benissimo”.

***

Piacevole chiacchierata telefonica con l’autore che dovrebbe entrare nel gruppo. È specializzato nel dare idee. Con tatto cerco di far passare il concetto chiave di questo mestiere in base al quale le idee, più che averle, bisogna essere capaci di realizzarle. Non credo abbia capito fino in fondo la differenza.

***

Se mi giro alla mia destra o alla mia sinistra di questo tavolo mi convinco sempre di più che sono un dinosauro in rassegnata e consapevole attesa del meteorite che mi distruggerà. E scrivo volutamente questa nota dentro il bloc-notes che mi rimanda al 2001, l’anno della svolta, il nucleo dei vent’anni successivi.

***

Attenzione a creare un vuoto in scaletta, perché c'è sempre chi trova il modo peggiore per riempirlo.

***

Finite le registrazioni del programma con P. Cosa rimane? L'incontro, certamente.

Credo non si aspettasse molto dalla televisione, ma forse è ancora più deluso del previsto. Le necessità frettolose della ripresa, i continui cambi produttivi, i tempi sempre stretti, la mancanza di prove come cifra artistica e la distrazione come cifra umana sono tutti elementi che P. non aveva intenzione di comprendere, né di giustificare ma poteva solo, come ha fatto, sopportare con educazione novecentesca.

Il bilancio positivo è dunque solo mio, che ne ho potuto ammirare lo stile, l'eleganza da diplomatico mitteleuropeo e la rara, per non dire esclusiva, capacità di dire le cose più clamorosamente volgari che io abbia mai sentito senza mai risultare tale, strappando all'interlocutore un ammirato applauso.

***

Mitomanie in occasione della morte di una celebrità

Tavolo da riunione. Uno degli astanti legge le notizie online. Ha un sobbalzo, piccolo ma percettibile, di sorpresa.

"È morto Limonov."

Il mitomane da riunione, appostato da mesi nei pressi della stanza, entra e racconta:

"Sono stato a pranzo da Lipp a Parigi, pochi anni fa, ma

quel giorno lui non c'era. Contrariamente al solito. Ci andava tutti i giorni da sette anni consecutivi.

"Non l'ho incontrato in nessun'altra circostanza per cui non posso confermare che si trattasse di un uomo simpaticissimo, alla mano, privo della solita malinconia dei russi, come mi ha detto uno che l'ha visto in tv.

"Le ultime cose sue che ho letto sono state le pagine de *Il diario di un fallito*. Non mi piacquero.

"Tutto il suo atteggiamento critico verso l'Occidente, quella irrituale voglia di golpe, insomma il suo consunto nazionalcomunismo rimane per me incomprensibile e anche, se posso aggiungere, irrilevante.

"Questo non toglie nulla alla sua autentica generosità della quale però non ho testimonianze di prima mano.

"Forse un po' troppo *élan vital* per me; ma certo la sua è stata una testimonianza, forse l'ultima, di una stagione del Novecento di cui comunque non si sentiva il bisogno.

"Rammento che anni fa avevo tradotto per metà *Il boia* prima di accorgermi di non sapere il russo. Poi lo lessi quando uscì e mi piacque molto di più rispetto alla mia traduzione."

(*esce di scena, la riunione riprende*)

***

Infila senza preamboli un discorso da tiranno al quale appende sorrisi di circostanza. Mi torna alla mente quell'antico adagio che recita "*I nemici si vedono nel momento del bisogno*".

***

Non importa quanto duri, in quanti modi si siano difese le proprie convinzioni, in quanti si sia convinti che l'unico modo di fare le cose sarebbe quello, quanti siano i partecipanti e in quale stanza si sia svolta: l'unica cosa certa è che la riunione si concluderà con l'inesorabile frase che D. coniò molti anni fa:

"Voi dite, io faccio".

***

La telefonata asciutta, educata nei toni ma letale nella sostanza del Produttore in un'altra epoca nemmeno troppo lontana mi avrebbe gettato nella depressione. Oggi la vivo come una liberazione insperata. Mi dispiace per chi resta.

***

Quando si parte con un nuovo programma, a metà della prima riunione mi ripeto sempre quello che diceva l'editore intellettuale e cosmopolita Vanni Scheiwiller: "*Non ho nulla contro il successo, ma neanche contro l'insuccesso*".

***

Tredicesima Legge Fondamentale della Riunione

Quando racconti la tua idea a qualcuno, quanto più il tuo interlocutore ti seguirà con attenzione e compiaciuto interesse tanto più alta è la probabilità che finita la tua esposizione dirà: "Una cosa identica alla tua me l'hanno proposta proprio questa mattina".

***

La celebre definizione di Paolo Villaggio secondo la quale "l'italiano è una lingua maledetta" trova conferma ogni

volta che qualcuno riceve l'incarico di scrivere la paginetta di contenuti tristemente nota come:
"Sinossi del Programma".

***

Serata a cena con persone piacevoli, alcune già incontrate altre no. Conversazione di routine tra lavoro e interessi personali. Poca politica, niente privato. È una di quelle occasioni in cui si manifesta tridimensionalmente quella ricerca di consenso professionale di cui sento la necessità, ma non il desiderio. Non forzo la conversazione, pago volentieri il conto. Soprattutto perché si torna a casa.

***

Il sonno della Riunione genera mostri

Nel sogno sono un autore anziano in congedo. È il mio ultimo giorno di riunione.

Vuotato l'armadietto delle idee (non esiste nella realtà, infatti è un sogno), ripongo i miei progetti inevasi con lentezza e mi appresto a lasciare per sempre la Riunione: mentre mi incammino sento risuonare nel lunghissimo corridoio i miei passi, ogni colpo una sentenza, come in uno spaghetti western di Duccio Tessari, fino a raggiungere il portone d'ingresso.

Una lama di sole mi abbaglia appena oltrepassata la garitta del portiere del palazzo.

Solo adesso mi rendo conto che lo stabile che mi ha ospitato in riunione durante tutti questi decenni ha la forma di una caserma ma non ho il tempo di stupirmi perché colleghi, colleghe, dirigenti, creativi, runner, montatori, redattori, comici, consulenti hanno formato un picchetto d'onore sulle note di *Quelli che il calcio*, sigla di un vecchio programma uscito da quella stanza.

Siamo tutti commossi.

Dalla mia stanza qualcuno osserva seminascosto dietro la tenda. Non riesco a riconoscerlo, ma percepisco che mi sta mettendo in guardia.

Fuori dal portone, un'auto si ferma a pochi passi da me ma il mio senso di share (gli autori a differenza dei Supereroi sviluppano quello) mi dice di non fidarmi degli individui sorridenti che dall'interno dell'auto mi fanno cenno di entrare.

Mettendo a fuoco lo spazio alle loro spalle, noto poco più dietro un'elegante macchina sportiva cabriolet con a bordo un Influencer dalle intenzioni minacciose.

Altri due Gamers armati di joystick sono nei pressi e controllano le uscite.

Più in lontananza sento il rimbombo secco degli ordini impartiti da una Voce Fuori Campo contraffatta che esce dal finestrino di un torpedone di Vip di terza generazione in trasferimento coatto verso una nota location da Reality.

Infine, laggiù in fondo, quasi un miraggio come quello del capitano Drogo nel *Deserto dei Tartari*, riconosco un esercito di Format ignorati per anni che avanzano verso di me in cerca di vendetta senza incontrare la benché minima resistenza.

Sento alle mie spalle che il pesante portone sta per richiudersi e con esso la mia stanza, la mia Riunione, i miei amici, i miei programmi, la mia vita. La mia unica salvezza.

Fuori da lì non ho via di scampo.

Il potente assolo di sax di *Quelli che il calcio* va esaurendosi.

Sorrido senza guardare nessuno di preciso, con una sorta di ghigno da idiota che a poco a poco si trasforma in sorriso consapevole mentre con inaspettata agilità mi tuffo all'indietro: un plastico volo spettacolare e allo stesso tempo sufficiente a farmi riguadagnare il cortile della Fortezza.

Faccio cenno di chiudere e intanto corro verso il magazzino della scenografia e costumi.

Butto via gli abiti civili e mi rimetto in tenuta da Riunione.

Al mio fianco come per magia si raduna un piccolo ma agguerrito reparto di autori in assetto da Riunione: hanno capito anche loro che quella che stiamo per sostenere è una battaglia per la sopravvivenza nel deserto dei contenuti.

La stanza diventa Fort Alamo e tutti noi @jesuisDavy Crockett.

Dal torrione più alto della Fortezza, armato con il migliore materiale di cancelleria, lancio un ultimo sguardo verso le forze nemiche che hanno definitivamente circondato l'avamposto: è un esercito sterminato di palinsesti tutti uguali che ingrossa le sue fila a ogni minuto che passa, fino a riempire interamente tutte le piattaforme.

Si preparano all'assedio. Non faranno prigionieri.

Sereno, mi volto a guardare dietro di me la fila disordinata degli irriducibili che attendono nervosamente il segnale della battaglia finale.

E l'urlo di battaglia, potente, orgoglioso, selvaggio prorompe all'unisono da tutti noi:

"*TECHETECHETÈ!*".

Ma poi perché qualcuno dovrebbe venire al mio funerale?

Perché mai, mi chiedo, qualcuno in nome dell'antica e sincera amicizia che lo lega al defunto, cioè a me, dovrebbe domattina vestirsi a lutto, mettere il paltò scuro, uscire di casa, prendere la macchina, fare un viaggio, beccarsi l'omelia, stringere mani di sconosciuti, dire parole di circostanza, perdere una giornata di lavoro, ripartire verso casa? Impossibile per quasi tutti quelli che conosco.

Io stesso, se non fossi coinvolto, avrei dei dubbi.

Su di me.

Sul funerale degli altri, garantisco la presenza.

Devo rifare l'elenco inserendo solamente quelli della cui volontà ritengo certissimi, quelli che verrebbero anche in caso di pioggia.

Voi due venite, vero?

Entro nella stanza già poco convinto, mi guardo intorno e realizzo che oggi sarà uno di quei giorni che passerei tanto più volentieri a contemplare i giochi del sole in un rigagnolo.

***

In attesa dell'arrivo dell'Artista (quest'anno va di moda presentarsi con almeno mezz'ora di ritardo senza chiedere scusa a nessuno), mi ritrovo nel camerino dell'ospite cercando di intrattenerlo. Ci conosciamo da molti anni e anche se lui è decisamente più grande di me abbiamo nel tempo raggiunto un buon grado di confidenza affinato anche da grandi discussioni e litigate fatte anni fa in un vecchio programma televisivo nel quale abbiamo lavorato insieme.

Insomma, siamo in un rapporto che gli consente di abbandonare in fretta il sentiero dei convenevoli per andare subito al punto: a settantotto anni è sull'orlo della bancarotta.

Ormai fa sempre più fatica a rientrare dalla forte esposizione bancaria accumulata negli ultimi anni. Se io muoio oggi, dice, metto seriamente nei guai la mia famiglia. Ma ovviamente anche se non muoio, a settantotto anni le occasioni di lavoro sono quelle che sono, quando ci sono.

Poi smetto di seguire il suo ragionamento e conto gli anni che mi separano dai settantotto.

***

L'artista prende la parola e nel silenzio generale argomenta con dovizia di dettagli i motivi del suo rifiuto rispetto alla proposta condivisa da tutti i presenti. È convincente, abile, molto motivato.

"E per tutti questi motivi, davvero penso sia meglio pensare una cosa diversa."

Il Dirigente di lunghissimo corso lo fissa e dopo sette interminabili secondi di silenzio dice: “A coso, ma che cazzo stai a di’?”.

La proposta passa.

***

Tutto quello che facciamo, diciamo, scriviamo dentro queste stanze lo viviamo drammaticamente come se il destino dell’intero pianeta là fuori dipendesse esclusivamente dall’uscita della Scaletta definitiva.

***

Riassunto della riunione di oggi:

V. e C. si sono incontrati il 23 dicembre.

C. ha detto a V. che non decide nulla prima di aver parlato con XY.

XY sostiene di non aver mai sentito C.

A questo punto il programma si potrebbe allo stesso modo fare o non fare.

M. sostiene che si farà. Ma su Rai Uno. E in autunno.

Quindi lo speciale di febbraio è a rischio.

XY, a cui ho fatto il riassunto, alza le spalle e si rimette con la cuffia a guardare video scemi e cazzate varie su Internet.

È saltato un ospite, sostituito da uno ancora più scarso.

Il runner si è licenziato. Vuol fare il cantante.

***

Mando un messaggio: “Come stai?”.

Nessuna risposta. Rifletto e mi ricordo una frase detta da M. parlando di un suo amico che mi aveva colpito: telefona solo per motivi di lavoro, mai per dire “come stai?”, “ci vediamo?”, “pranziamo insieme?”.

***

I due artisti si sono appena esibiti e tornano ai rispettivi camerini. Mi avvicino per salutarli e ringraziarli, appena in tempo per assistere a un clamoroso litigio tra i due. Uno che rimprovera all'altro di aver improvvisato un pezzo senza concordarlo prima. L'altro che si difende:

"Era un omaggio a te".

"Sì, ma un omaggio fatto così fa schifo."

"Avrà fatto schifo ma il pubblico era contento."

"E allora alla fine della canzone buttiamoci per terra e scoreggiamo fortissimo e sarà ancora più contento."

"…"

Quello a cui ho appena assistito è l'eterno duello del controllo pignolo affinché tutto sia perfetto contro la voglia generosa di restituire amore. Capisco che tutto congiura perché tra i due non possa funzionare, ed è questo esattamente il motivo per cui tutto funziona alla perfezione.

Ma per prudenza, li saluterò più tardi.

***

Solito giro d'orizzonte sui partecipanti alla riunione: devo ricordare di non sottovalutarmi.

***

Per quanto si sia bravi a indorare la pillola non c'è mai un modo effettivamente del tutto incruento per fare fuori all'ultimo istante un ospite confermato da settimane.

***

Esperienze del tutto legittime e verso le quali non nutro alcun risentimento ma che tuttavia non farò prima di morire:

Laurearmi in Economia e commercio
Imparare a sciare
Vedere un film horror
Ballare un valzer
Studiare il tedesco
Farmi crescere la barba
Presiedere una Riunione di Condominio
Mettere le lenti a contatto
Fare bricolage
Organizzare una vacanza in camper.

***

TLa è morto una notte d'agosto, stupidamente.

In quel periodo ci stavamo sentendo perché da direttore di "Linus" gli avevo commissionato un pezzo per il mese successivo e altri per i numeri da seguire. Siamo stati molto amici. Poi ci siamo persi, anche se mai del tutto, e per un certo periodo penso che siamo stati nemici, anche se non ne sono sicuro, perché con TLa prima o poi passavi dall'altra parte della barricata.

In omaggio a "Topolino", il giornalino non il personaggio, io lo chiamavo de Suinis mentre per lui ero il Signor Porco. A ogni incontro si andava entro i primi cinque minuti dall'inizio della conversazione a Fantozzi; ci sfidavamo sui vari capitoli dei primi due libri che entrambi avevamo mandato a memoria.

In genere cominciavo io con:

"Dopo tre mesi di letture 'maledette' e di comizi, Fantozzi vide la verità e si incazzò come una belva".

Lui rispondeva invariabilmente con

"Fu costretto a ballare nell'ordine: un saltarello napoletano, una ciarda e sulle punte tutto il *Lago dei cigni*. Senza musica".

Si finiva dopo un'ora serratissima entrambi con:

"Astutamente sposto sempre la discussione su cinque argomenti già collaudati: il passaggio dal socialismo al comunismo, nuovi esempi di cinema underground americano, il secolo di Luigi XIV, magia e ipnotismo, Sud-est asiatico".

Era sempre in lotta con il resto del mondo, con tutta la sua dolcezza e fragilità.

Ha lavorato moltissimo al suo suicidio professionale, ottenendolo con grande efficacia e non mi stupisce chi pensa che probabilmente quando si è accorto di essere sul punto di morire non abbia fatto nulla per impedirlo.

Infatti lo hanno trovato a letto con un viso profondamente sereno.

***

Appuntamento in un ristorante che amo, a Roma.

E questa è la buona notizia. L'interlocutore dopo aver rotto con il team di lavoro che gli era stato imposto dalla rete cerca un nuovo Format per ripartire. Dopo poche frasi mi convinco che il team precedente, qualunque fosse il motivo che ha portato al litigio, avesse ragione.

***

Gli autori per qualche ragione inspiegabile si spostano a branchi, con movimenti armonici di ingresso e di uscita dalla riunione. I tre presenti al mattino vengono raggiunti da altri due nel pomeriggio, ma poco dopo un paio devono lasciare la stanza per raggiungere un'altra riunione in corso altrove.

Ci si sposta continuamente e con la leggerezza di *La La Land* da una redazione all'altra e nella transumanza gli autori depositano le loro uova attenti a non sprecarne neppure una: l'idea scartata dal programma X viene riciclata per il programma Y. Tutto si muove secondo le leggi dell'ineluttabilità verso la messa in onda.

***

Ballad of Lonely Host

Può mettere i baffi a Gioconda
O tagliare la barba a Mosè
Può alternare la mora alla bionda
Per non dover mai svelare chi è
Può riciclare ricordi in scemenze
Alternando le giacche in lamé
Può distrarci con nuove esperienze
Mentre ruba la pipa a Maigret
Ma continuo a pensare sul serio
Che non saprebbe spiegare perché.

***

Iniziano le prove del nuovo show. I protagonisti con notevole spudoratezza si mettono al centro di uno studio che non hanno mai visto a provare un copione che non hanno mai letto.

Una precondizione folle che però sembra non preoccupare nessuno, tranne me.

***

Aneddoto di scuola romana,
molto citato quando si parla di un ospite che nessuno conosce

Un rituale antichissimo vuole che prima del Festival di Sanremo il settimanale dello spettacolo "Tv Sorrisi e Canzoni" faccia la copertina nella quale riunisce tutti i cantanti in gara.

Lo scatto viene effettuato a Milano in una giornata, scelta dopo trattative estenuanti per ottenere il sì di tutti gli artisti.

E ogni anno, per motivi diversi, qualcuno non può comunque essere presente. Per ovviare viene utilizzato per scattare la foto un figurante di dimensioni coerenti con l'assente: in postproduzione, al suo volto sarà sovrapposto quello del cantante originale.

Quell'anno in gara c'erano tre "artisti" dalle carriere soliste ben separate ma riuniti a forza per l'occasione. Di questi tre, due molto noti e uno decisamente sconosciuto per il mondo del Pop poiché proveniente da altro ambito musicale.

Al momento dello scatto il fotografo si avvicina a quest'ultimo e gli chiede: "Tu chi sei?". Il malcapitato fornisce le sue generalità, che evidentemente non sono sufficienti al riconoscimento. Il fotografo è costretto quindi a essere più preciso: "No, non voglio sapere come ti chiami tu, voglio sapere al posto di quale cantante ti hanno fatto venire".

Chiarito il penoso equivoco, la fotografia di gruppo si può finalmente scattare.

***

La mia storia di famiglia è piatta, fatta di manesche massaie e laceri braccianti, case del popolo e lavori stagionali in Svizzera, vacanze in casa e tappezzerie marron, mentre quella delle famiglie degli altri è sempre piena di episodi così eccitanti, fatta com'è di antenati esploratori, cugini dal palato leggendario capaci di riconoscere al solo assaggio del salmone anche il tratto di costa in cui è stato pescato, pensatori autorevoli e viaggiatori intercontinentali con cappelli bianchi a tesa larga e conversazioni sbalorditive e prime teatrali leggendarie e incontri a Vienna o a Londra ma quando erano Vienna e Londra, di zii rivoluzionari e nonne aristocratiche di origine russa poi regine di café chantant e quindi spie al soldo degli inglesi, belle case, i quadri di Braque e Picasso alle pareti, mondanità e degustazioni di champagne e poi rivoluzionari nel Messico di Pancho Villa, quindi dandy decadenti e infine armatori di navi da crociera.

In fondo a me, all'indomani della mia morte, basterebbe un necrologio scritto sul "Secolo XIX" da un intellettuale di chiara fama, che si concludesse con la frase: "Ma soprattutto di P. tutti ammiravano l'impeccabile eleganza dello stile a cui anche molti di noi aspirano senza averla mai neppure sfiorata".

***

All'inizio di ogni nuova stagione televisiva ci si chiede con apprensione se i cambiamenti ideati durante il periodo di preparazione saranno sufficienti a suscitare l'interesse e il gradimento del pubblico. Dopo due puntate immancabilmente ci si rende conto che di nessuno di questi cambiamenti si sentiva il bisogno.

***

Lo conosco da molti anni e ho avuto il piacere di lavorare con lui. Per cui quando mi è stato chiesto di organizzare un incontro per prospettargli la possibilità di un contratto di collaborazione ero perfettamente a conoscenza dei singoli passaggi che avrebbe messo in atto.

Per prima cosa, millantare la firma ormai prossima a un contratto di esclusiva con azienda concorrente.

Quindi lamentare il troppo poco tempo a disposizione per bloccare la firma del suddetto contratto e far partire la trattativa con noi.

A metà conversazione, smentendo quanto detto finora, far balenare la possibilità di un ripensamento e dare la mano a garanzia dell'accordo.

Infine, sparire per sempre.

***

Gli autori congelano lo stile di scrittura e il tipo di narrazione che funzionavano nel loro momento d'oro e li ripropongono con minime varianti per il resto della vita.

Ogni scaletta, ogni gag, ogni ospite proposto potrebbero quindi essere accompagnati da una didascalia per i non addetti ai lavori: "Esempio di creatività anni ottanta (novanta, duemila...)".

E così le idee che in ogni tempo l'autore riversa nei suoi copioni rivelano infallibilmente l'ultimo momento in cui si è sforzato davvero di capire il mondo.

***

Ci intrattiene da ore sui massimi sistemi e sulle più rilevanti questioni di geopolitica dell'agenda internazionale, ma con sugosa inflessione da macchietta dialettale. Nelle sue esternazioni i ragionamenti e più spesso la consecutio sono ostaggi incolpevoli. Come noi.

***

Per E. avevo una totale e acritica venerazione, perché rappresenta il volto nobile di questo mestiere che non ha neppure un nome, figurarsi un'anima.

Non invidiavo tanto il suo talento e la sua intelligenza che sono di altra categoria, quanto la sua vita piena di incontri, cose belle, schifezze rivendicate come tali, incazzature, delusioni, amarezze, tradimenti, colpi di genio, colpi di scena, il suo aver corteggiato sempre il fallimento pur avendo mezzi enormemente superiori alla media. Il suo non essere mai, mai, stato un rassegnato burocrate della scaletta. E ci ha insegnato a fare attenzione e a scegliere con cura le persone con cui lavorare perché "*non ci sono più i cretini di una volta*".

Ha amato, lavorato, fatto casino, inventato, detto bugie, vissuto una biografia che non esiste più.

Ora che non c'è più lo saluto qui con le parole del suo fraterno amico M.M.

"*J'aime Vaime*".

***

Dalla riunione di oggi: lo show appena cominciato è già rinviato a data da destinarsi.

***

Dalla riunione di questa mattina:

"Avete visto gli ascolti?".

"Sì."

"Cosa vi avevo detto? La 'ndrangheta in televisione non tira."

***

L'occasione è un Festival culturale al quale partecipa con un intervento nel pomeriggio. Il luogo della manifestazione è poco distante da casa, da molto tempo non ci si vede di persona e così la tenuta dell'antico rapporto è affidata ormai a qualche sporadico messaggio in occasione di festività o ricorrenze varie.

Mi sembra una buona opportunità per salutarci, anche se nel frattempo ho maturato la sensazione che la natura del nostro rapporto sia cambiata in ragione delle nostre diverse vicissitudini professionali.

Capisco subito di aver visto giusto: una cortesia frettolosa è la cifra dell'incontro. L'ho avvertita, l'abbiamo avvertita con tale forza che dopo pochissimi istanti entrambi non vedevamo l'ora di mettere fine a quella pantomima di affettuosità.

La delusione è inevitabile, ma poi senza esagerare: gli uomini di potere si muovono all'interno di coordinate precise che gli consentiranno sempre e comunque di esercitarlo. Gli altri possono riporre quell'affetto strumentale nel cassetto dei ricordi.

***

Giorni, settimane, mesi spesi nel tentativo di ottenere il rimborso delle spese sostenute lavorando in trasferta.

I rimborsi di tre produzioni ormai finite da tempo sono ancora fermi in qualche ufficio romano perché in un ufficio diverso, ma questa volta milanese, qualcuno sostiene che la ricevuta di un taxi da me presentata presenti delle anomalie.

ANOMALIE.

La ricevuta di un taxi che anomalie può avere? Certo, se pretendo il rimborso di una corsa da corso Sempione Milano a viale Mazzini Roma, potrebbe sorgere un sospetto, ma una ricevuta da 11,30 euro per una corsa casa-stazione?

Migliaia di euro da rimborsare fermi in attesa del riscontro dei Ris sulla ricevuta da 11,30. C'è di peggio, lo so. Ma ogni tanto mi piacerebbe entrare nel Ventunesimo secolo e chiudere definitivamente alle mie spalle la porta oltre la quale sono seduti gli eredi della burocrazia russa dell'Ottocento.

***

Non ho mai visto nessuno macchiarsi a tavola con la sua esattezza pignola: il sugo sulla cravatta, l'olio sui pantaloni, il dolce sulla camicia. Il caffè preferiva rovesciarlo sul malcapitato che gli stava di fronte.

***

Piccolo affettuoso ricordo personale

A metà di un pomeriggio in redazione trafitto da una noia acuminata, alle prese con il consueto balletto di ospiti che entrano ed escono dalle pagine di copioni sterilizzati, rispondo a un numero sconosciuto, rompendo una regola che da anni osservavo con cura.

All'altro capo del telefono c'è Cencio Marangoni, un leggendario impresario di spettacoli e agente di artisti.

Quando io ho iniziato a fare questo lavoro nei primi anni ottanta il suo nome veniva pronunciato con deferenza assoluta. Era il più potente agente sul mercato. Tutti gli artisti più grandi ambivano a farsi rappresentare da lui. Nel corso degli anni aveva passato le chiavi dell'azienda al figlio e gradualmente aveva defilato la sua posizione. In questo lunghissimo periodo di tempo mi sarà capitato di parlare con lui direttamente una decina di volte, per invitare o contrattualizzare un artista della sua agenzia.

Poi oggi mi telefona.

"Volevo solo chiacchierare," dice. "Sai, diventando vecchio ho voglia di parlare e salutare chi ho frequentato in altri tempi."

La sensazione è che abbia sbagliato numero, che non fossi io il destinatario della chiamata, ma andando avanti nella conversazione mi rendo conto che sta parlando di cose che ci riguardano e sono proprio io l'oggetto del suo discorso.

Allora prendiamo confidenza e cominciamo a parlare di artisti e spettacoli come se fossimo stati amici davvero.

Salutandomi mi dice che gli ha fatto molto piacere la chiacchierata, io mi rendo conto che forse non sono riuscito a trasmettergli il mio di piacere per questa inattesa conversazione e chiudiamo con la promessa, che sappiamo entrambi non sarà mantenuta, di risentirci presto.

Purtroppo non lo sentirò più.

Ma una volta chiusa la telefonata, mi sono messo a ridere da solo ripensando a quello che tra le altre cose mi aveva appena raccontato: e cioè che, per via della percentuale fissa richiesta sui loro guadagni, gli artisti rappresentati da lui lo chiamavano Dieci per Cencio.

***

L'appuntamento è nella incantevole piazzetta romana, tanto bella quanto poco battuta dal traffico dei turisti. Vuole sondarmi per fare il capo progetto (che, per inciso, considero da sempre la definizione più stupida di tutti i tempi) del suo prossimo lavoro in tv, che dovrebbe segnare l'agognato approdo alla prima serata.

Si chiacchiera con la brillantezza leggera di chi sa che questa cosa non si farà mai e quindi mi godo la serata, il luogo e i pettegolezzi davvero esaurienti su colleghi e conoscenti. Una serata che avrei archiviato al suo esaurirsi come dimenticabilissima se non ci avesse raggiunto al tavolo, inaspettato, un amico del mio anfitrione.

Il tempo di voltarmi e mi trovo di fronte l'idolo sportivo della mia adolescenza, il primo a cui chiesi un autografo in una Genova in bianco e nero di 1700 anni fa. Chiedo e ottengo il permesso di tornare bambino per le prossime due ore.

***

Gentile Michelle,
pur non avendo ancora ricevuto da Lei nessuna risposta non creda che io abbia perso la speranza di averLa uno di questi giorni ospite in trasmissione. Mi permetterò dunque di insistere contando di forzare prima o poi la Sua davvero ammirevole riservatezza.
So che ha rifiutato il cesto di primizie italiane che Le ho fatto recapitare presso la Vostra residenza. Peccato, erano tutte cose buonissime, anche se purtroppo rapidamente deperibili, come avrà potuto verificare.
L'Fbi mi ha fatto sapere che Lei non tollererà più omaggi di questo genere e quindi mi asterrò da nuovi invii. Pensavo piuttosto, per ingolosirLa riguardo alla mia proposta, di farLe avere un paio di posti in Tribuna rossa allo Stadio Meazza in occasione della prossima partita del Milan. Potrebbe essere una buona occasione per ammirare da vicino uno spettacolo che va per la maggiore dalle nostre parti, e passare subito dopo in studio da noi.
Che ne dice?
Mi faccia sapere.

***

Poche cose mi rendono contento del mio lavoro come aver conosciuto, ascoltato, ammirato, riso, condiviso una stanza e il mio tempo migliore con Carlo Sassi.

***

Per una di quelle circostanze fortunate che capitano raramente nella vita, ero presente il giorno in cui in riunione si è stabilito ufficialmente che i ballerini non si chiamano più ballerini ma performer.

***

La riunione di oggi per presenza di persone di sinistra e per età media può essere considerata a tutti gli effetti una ripresa dei lavori della Quarta Internazionale.

***

"Maestro, stiamo lavorando a un programma televisivo e pensavamo che Lei sarebbe il nostro ospite perfetto."

"Grazie, ma non posso proprio. Io lavoro."

(*Paolo Poli al telefono con me*)

***

Per una serie di pigrizie deplorevoli accettiamo un appuntamento di lavoro con una coppia che ha fondato una casa di produzione e vuole entrare nel mondo della tv.

Dopo nove minuti non ci occupiamo più dei contenuti ma solo della meravigliosa chimica di questa coppia: aristocratico decaduto lui, rozza miliardaria lei.

Lei sboccata e petulante, lui formale e ingessato. Lui è l'erede di una dinastia nobiliare al tramonto da varie generazioni, lei la primogenita di un dinamico e discusso imprenditore di umilissime origini. Sono coetanei, ma i loro interessi non si sfiorano mai, al contrario di quelli (economici e di status) delle rispettive famiglie di provenienza. Lui delle ristrutturazioni adora i dettagli, lei i muscoli dei muratori.

Lui si alza quando entra qualcuno, lei quando deve andare in bagno, annunciandolo urbi et orbi.

Lui adora le conversazioni impegnate, lei quelle di gossip. Lui veste come l'ultimo dei dandy, lei come Lady Gaga.

Lui legge trattati di botanica, lei i memoriali di Fabrizio Corona.

Quando lui ci mostra lo stemma del casato, lei dichiara che se lo vuole tatuare sul coccige.

***

Mushi: termine giapponese che indica la decisione cosciente di ignorare l'altro e di far finta che non esista. Condizione principale di ogni riunione per le telepromozioni.

***

Mai sottovalutare l'impatto delle opinioni degli autori ombra durante la riunione.

L'autore ombra è ovunque, ma soprattutto è chiunque: può essere il tassista che ci conduce agli studi, l'uomo che prende il caffè al bar, lo straniero che commenta cose che non conosce.

In genere l'autore ombra si palesa subdolamente nelle more di una digressione apparentemente di poco conto del Conduttore:

"Il mio commercialista dice che…".

"Il giornalaio stamattina mi ha fatto riflettere su una cosa."

"Diceva (segue nome di sconosciuto/a che evidentemente gode di un certo prestigio presso chi parla) che il programma funzionerebbe meglio facendo così."

Alcuni autori ombra, se titolari di almeno due opinioni condivisibili, vengono convocati in giornata e partecipano direttamente alle riunioni; in genere fanno una bellissima figura.

Nonostante i molti pareri contrari e le molte lamentele ricevute da amici e conoscenti, ribadisco con fermezza la mia volontà: il mio funerale si terrà, SICURAMENTE, *presso la Chiesa di Nostra Signora della Concordia ad Albissola Marina.*

Posso venire incontro alla maggioranza dei recalcitranti solo sull'orario della Cerimonia.

Mi rendo conto che questa decisione comporterà un taglio drastico del numero dei partecipanti.

A occhio direi che solo nella giornata di oggi ne ho perso più del novanta per cento.

Mi arrocco intorno a cinque nomi, da cui devono uscire i due sicuri.

Rileggo l'elenco.

Serpeggia un certo pessimismo.

Devo rimodulare l'ordine delle bevande.

P.S. Scrivere tra le disposizioni relative alla mia cerimonia funebre il divieto assoluto dell'applauso all'uscita della bara dalla chiesa.

Ognuno di noi coltiva con cura il segreto del suo insuccesso.

***

Si capisce dal primo incontro preparatorio per la riunione di domani che il programma sarà un casino totale. Veti incrociati, sospetti, filosofie opposte di intrattenimento, stili incompatibili.

C'è già tutto il necessario per naufragare. O trionfare contro ogni logica.

***

Riunione in stallo, pensiero libero

...il finale di *Pat Garrett&Billy the Kid*, quando Pat esorta l'amico di una vita a ripensarci e a consegnarsi alla giustizia degli uomini perché "le cose cambiano" e allora Kid lo guarda e gli dice quella che secondo me è la frase più bella di sempre: "Le cose, forse. Io no" e si fa ammazzare dall'ex amico.

I pomeriggi trascorsi a studiare fisica e greco a casa di F. durante i quali in realtà con la sua chitarra componevamo orrende canzoni à la de André, una si chiamava *Oro e Argento*, tu sai.

E il primo monologo, con F.

La prima radiocronaca calcistica in diretta dallo Stadio Bacigalupo di Savona: il vecchio fuoriclasse Pierino Prati si accinge a tirare un calcio di punizione da posizione che io definisco in cronaca impossibile e mentre finisco la frase lui spara in porta e segna.

L'odore della scenografia del Tv3 di corso Sempione nell'autunno del 1983.

E. che dopo aver ricevuto una telefonata resta a lungo all'apparecchio senza dire una parola, quindi spegne il cellulare e dice a noi che eravamo lì con lui nella stanzetta: "Era Bardotti, vi tossisce tutti quanti".

I film di Tavernier e soprattutto *Una domenica in campagna*, mia madre che a ogni compito in classe mi salutava sempre dalla stessa finestra e con lo stesso gesto della mano perché a suo dire portava bene. E portava bene.

Le gite la domenica in Lambretta con papà alla guida, io in piedi davanti a lui e la mamma seduta di lato con il foulard in testa...

E poi Teo Teocoli, che senza dirlo a nessuno, nemmeno alla moglie, scende le scale dell'Ariston durante la serata finale del Festival di Sanremo in mutande e scarponcini, e resta in scena così per una quindicina di minuti di sketch esilarante.

In mutande, davanti a quindici milioni di spettatori.

Ma, e ne eravamo totalmente consapevoli, principalmente per stupire e far ridere noi quattro.

***

Undicesima Legge Fondamentale della Riunione

Un autore esperto già dal primo giro di opinioni della prima riunione è in grado di identificare con matematica esattezza il collega che ha un problema per ogni soluzione.

***

Costretta a partecipare al programma dal suo agente, piange e vomita da due giorni.

In scaletta per il suo intervento sono previsti 15 minuti.

Il suo autore di riferimento alla notizia sbianca: dice che

la famosa comica ha preparato un intervento che durerà al massimo 2 minuti, poco più di "un saluto fiorito".

***

Nelle rare giornate di buona vena del Conduttore, un gioco rilassante consiste nel sottoporgli per la puntata in lavorazione una rosa di nomi di possibili ospiti, scegliendoli con cura tra i suoi nemici, e scommettere sulle sue risposte:

"X?" "Un coglione totale."
"Y?" "Un miserabile senza rivali."
"La XY?" "Una vera stronza."
"W?" "Un ladro, mentecatto."
"I?" "Un branco di deficienti."

***

Il programma non deve piacere a te, ma a chi lo guarda. Va bene, ma allora chi lo guarda deve piacere anche a me.

***

Viva Marcello Marchesi che a cinquantadue anni poteva serenamente definirsi "il signore di mezza età".

Mentre l'autore quasi sessantenne di oggi per poter continuare a lavorare è condannato a vivere ragionare pensare come "un ragazzo di mezza età".

***

(*riassumendo la giornata di oggi*)
C. non vuole in trasmissione B.
S. vuole C. ma non accetta D.

M. non vuole nessuno.

P. non può.

La senatrice non vuole C.

Il senatore non vuole S.

L'imprenditore non vuole B., non vuole M., non vuole nessuno.

S. comunque non può (se n'è accorto adesso).

G. non lo chiamiamo noi perché è stronzo.

(*continua*)

***

L'ospite è Silvio B. Ormai ottantatreenne, il vecchio leader visto da vicino è impressionante nei lineamenti scartavetrati da anni.

Entra in studio circondato dalla solita corte indaffarata di famigli, collaboratori, guardie del corpo e questuanti vari.

Si vede che è stanco.

Pochi giorni fa ha subìto ancora un intervento, questa volta all'intestino in anestesia totale. E oggi è già qui, per l'ennesima intervista. Come sempre, la tempra non gli fa difetto.

Così, per l'ennesima volta, mi trovo di fronte all'uomo che più di ogni altro ha accompagnato la mia storia professionale: dai primi anni novanta, Silvio B. è stato il continuo sottotesto di tutti i programmi che ho scritto, sia quelli di intrattenimento leggero sia quelli militanti.

Dalla contestazione del pubblico dell'Ariston, e F. a metterci una pezza, ai duelli all'arma bianca continui tra S. e la politica, dallo scontro con il ministro a proposito del caso Sofri, a tutte le volte in cui era bersaglio fisso di tutti i comici, Silvio B. è stato con le sue gag antichissime e inadeguate, le sue minacce, le sue intemperanze verbali, i suoi tormentoni lessicali, i suoi eccessi, il suo populismo, e anche con la sua contagiosa vitalità, il coautore di molti dei nostri programmi.

E ora eccolo, rimpicciolito dentro un cappotto doppiopetto da cumenda dei film di Alberto Sordi, gli occhi ancora più a fessura, il cerone spalmato a cazzuolate sul viso.

Ho provato un certo affetto.

E gli ho chiesto di fare una foto insieme.

Mi ha squadrato per un interminabile attimo, mi ha tirato a sé con energia sorprendente, e mi ha detto:

"Va bene, ma abbottonati la giacca".

***

Il ventriloquo pronto per andare in scena dalle 21 siede distrutto su un gradino del backstage all'una di notte. Il suo pupazzo sembra agonizzare più di lui.

Tiriamo a sorte per decidere chi deve andargli a dire sorridendo che tra cinque minuti tocca a lui.

***

Ore di riunione per analizzare i motivi della sconfitta nel confronto di ascolti con il nostro competitor diretto. Lunga serie di interventi, analisi raffinate dei dati e della composizione del pubblico, disamina dei break pubblicitari. Il Conduttore ascolta gli interventi, riflette e conclude: "Perdiamo perché la nostra aiuto regista è una scema che non sa fare niente".

***

Al nostro Conduttore interessa solo la sua opinione. Però usa le nostre per formarne una.

***

A quanti pozzi di risentimento possiamo attingere?

***

Da anni le menti più brillanti, e non solo matematiche, del pianeta provano inutilmente a indagare l'enigma assoluto della Fiction che recita: "Se stai proponendo o raccontando appassionatamente a voce in una stanza del centro di Roma un progetto di fiction A – esempio: una serie basata sul mitico personaggio dei fumetti Tex Willer –, ti ritroverai invariabilmente in meno di dieci minuti esatti (*teoria della stringa temporale produttiva di Roma Prati*) a discutere al telefono con un misterioso Produttore serbo trapiantato a Rio de Janeiro del progetto di Fiction B – esempio: una miniserie in due puntate sulla vita e le opere di un imprenditore prima spregiudicato poi convertito alle opere di bene sullo sfondo del Grande Sertao".

Da qui il grande problema irrisolto della Riunione di Fiction, detta anche Congettura del Quartiere Prati recita:

A=B, (ma eventualmente anche) =C

***

Il mio più grande rammarico avendo fatto per un'intera stagione l'inviato-centravanti durante *Quelli che il calcio* sarà sempre quello di non aver segnato un goal in diretta televisiva. Non per vanità da mitomane, ma perché a commentare in diretta la mia partita c'era Nando Martellini.

***

Il regista che ha diretto un film sui Partigiani fa sapere che accetta volentieri l'intervista a una condizione: che non si parli dei Partigiani.

A suo dire, argomento divisivo.

***

Nuovo Discorso di Amleto ai Comici

AMLETO:
Il testo, ti prego, devi dirlo
come l'ho scritto io a te,
sciolto, in punta di lingua. Se lo urli,
come fan tanti nostri comici d'oggi,
sarebbe come affidare le battute
allo scemo del villaggio.
Non trinciar troppo l'aria con la mano,
così, gesticola invece con garbo;
giacché pure nel mezzo del monologo,
della parodia, e potrei dir nel vortice
dello sketch devi mantenere
sempre quel tanto di moderazione
che dia una certa compostezza.
Ah, mi ferisce fino in fondo all'anima
quando ascolto un famoso cabarettista
truccato che riduce a brandelli
un pezzo divertente, lacerandolo,
per rintronar gli orecchi alla platea,
che capisce soltanto, la più parte,
smorfie d'accatto e gran baccano.
Metterei alla frusta quel gaglioffo
che imita un penoso Ministro,
o il Vip più Vip della Tele.
Evitalo, ti prego.

Però non esser troppo in sottotono,
ma làsciati guidare dal mestiere
e dalla personale discrezione.
Il gesto sia accordato alla parola
e la parola al gesto, avendo cura
soprattutto di mai travalicare
i limiti della naturalezza;
ché l'esagerazione, in queste cose,
è contraria allo scopo del comico;
il cui fine, da quando è nato a oggi,
è di regger lo specchio alla natura,
di palesare alla virtù il suo volto,
al vizio la sua immagine,
e al tempo e all'età la loro impronta.

Se tutto questo dall'azione scenica
riesce esagerato o impicciolito,
potrà far ridere l'incompetente,
ma non potrà che urtare il competente
il cui giudizio deve aver per voi,
che siete del mestiere, più importanza
di un'intera platea di tutti gli altri.
Ho visto e udito comici
(e udito anche lodarli e stralodarli,
per non dire di più, quantunque privi
d'accento e di movenze nel gestire
non dico da cristiani o da pagani
ma nemmeno da uomini comuni)
far ridere gonfiandosi,
sbuffando e urlando in modo sì scomposto
da far pensare che madre natura
abbia commesso di fabbricare uomini
a qualche manovale da strapazzo,
che li abbia impastati malamente,

tal era la maniera abominevole
con la quale imitavano il reale.

Giova perciò correggersi in fretta,
sì che chi fa la parte del buffone
badi a non dire più di quel che è scritto;
perché ci son di quelli che sghignazzano
per tutto il tempo già per conto loro,
sol per suscitare le risate
d'un certo numero di spettatori
ignoranti, e a volte proprio là
quando dovrebbe farsi risaltare
qualche passaggio essenziale del copione.
Questa è davvero roba da villani,
che dimostra una misera ambizione
in quello stolto che vi fa ricorso.
E ora andate pure a prepararvi.
(*escono i comici*)

***

Elenco di cose che stanno accadendo
nello stesso momento in questa riunione

G. dice a P. che lo chiamerà "Panorama".

F. dice che M. ha telefonato a R. dicendogli che non vuole forzare.

P. non risponde a "Panorama" che sta telefonando.

F. chiede "Chi è Guarguaglino?".

P. guarda ad altissimo volume *Totò le Mokò*.

G. chiede a un interlocutore sconosciuto al telefono se la tastiera è la tastiera Mannoia.

R. guarda un video intitolato *Grandinata a Chiavari*.

L. progetta un piano per rapire Floradora e chiedere il riscatto alla Rai.

S. domanda a tutti: "Chi? Ma chiiiii? Di chi parlate?".

***

Quando siamo andati a prenderla non c'era più.

La bottiglia.

Nessuno di noi quattro si ricordava dove l'avessimo sepolta. Anzi, non ci ricordavamo neppure che bottiglia fosse.

Giuseppe ricordava vagamente che fosse un prosecco da poche lire, secondo Stefano era un whisky di gran marca, Paolo giurava su ciò che ha di più caro al mondo, l'autografo di Francesco Moser, che fosse una boccia di Dom Pérignon.

Cosa che avrebbe perfettamente senso.

L'idea nacque, infatti, dopo aver visto il miglior road movie, e il miglior film sulla fine dell'adolescenza e l'ingresso nell'"età adulta", *Fandango*, del 1985 scritto e diretto da Kevin Reynolds.

Gasati dalla visione della pellicola e pur non abitando ai confini del Messico ma ai piedi della Val Bormida, anche noi, come gruppo di studenti savonesi, pensavamo di avere il diritto alla nostra simbolica sepoltura con relativo disseppellimento a maturità (liceale) consumata.

In effetti, partimmo un tardo pomeriggio. E seppellimmo qualcosa.

Ma poi, Dom Pérignon o prosecco che fosse, la bottiglia non l'abbiamo più trovata.

Forse è ancora lì sul promontorio sopra Bergeggi, sempre che quello fosse effettivamente il posto. Giuseppe infatti continua a dire che l'abbiamo sepolta a Laigueglia perché puntavamo la Francia ma è finita la benzina.

E che non avevamo una Cadillac ma una 127. Color aragosta. E su questo siamo tutti d'accordo. Era di suo padre.

***

In questo lavoro, che prende sul serio solo chi si prende sul serio, l'ironia è la peggior nemica di ogni riunione, perché esclude automaticamente la maggioranza dei partecipanti.

***

Dear Sir,

I am in receipt of your umpteenth message complaining about not having received a reply to the previous ones: if I were polite I would say I haven't replied because of some mixup caused by a member of my staff. Instead, I'll tell you the truth: I had no intention of responding to you because I consider your proposal thoroughly preposterous, lame, and insulting. But as I see that you are not giving up, I have elected to write personally, inviting you to cease and desist immediately in any and all attempts to lure me on to this show you claim to preside over.

Furthermore, I advise you never to bother me again, including regarding other projects you might inexplicably be entrusted to oversee, or I will have no choice but to ask the relevant Embassies to intervene.

Disrespectfully yours,

Michelle Obama

***

Caro Direttore,

temo di doverti annunciare che almeno per quest'anno Michelle Obama non interverrà alla nostra trasmissione. Ti inoltro la sua risposta:

Gentile signor ...,
ho ricevuto l'ennesima sua mail in cui lamenta la mancanza di risposta alle precedenti: se fossi gentile direi che non ho risposto a causa di qualche disguido che potrei imputare a questo o a quel collaboratore. Le dirò invece la verità: non intendo risponderle perché ritengo la sua proposta totalmente irricevibile, inadeguata, offensiva. Ma vedo che lei non demorde, ragion per cui ho deciso di risponderle in prima persona invitandola a desistere con effetto immediato da ogni altro tentativo di invitarmi allo show di cui sostiene di occuparsi.
Le consiglio inoltre di non importunarmi mai più, anche in vista di altri lavori di cui dovesse sorprendentemente ancora occuparsi, per non essere costretta a far intervenire le rispettive Ambasciate.
Senza nessuna stima,
Michelle Obama

Ma le ho appena scritto nuovamente confermandole il nostro interessamento per una sua partecipazione alla ripresa della trasmissione in autunno. Confido di farcela, questa volta. Ho intenzione di raggiungerla personalmente negli Stati Uniti: sono certo che presentandole di persona il nostro progetto lei non potrà dirmi ancora no.
Buona estate.
Ti abbraccio

***

"Ragazzi, come ve lo devo dire? La scaletta va rispettata: possibile che i goal non arrivino mai al momento previsto?"

(Memorabile battuta pronunciata negli anni novanta in una riunione di *Quelli che il calcio* dal mio adorato Bruno Voglino.)

***

Chi usa la parola creatività non può fare questo mestiere, può fare al massimo il creativo.

***

In un appartamento intestato all'agenzia che la rappresenta, io e C. incontriamo Moana Pozzi reduce dal trionfo di *Fantastica Moana*, un titolo leggendario nella sua filmografia le cui locandine campeggiano alle nostre spalle e di fronte a noi. Bastano pochi minuti di conversazione e troviamo subito l'accordo con lei, la nostra proposta le piace, la intriga il contesto e la diverte il tono. Da donna intelligente e brillante qual è, offre subito degli spunti che ci sembrano particolarmente azzeccati e che sono perfetti per neutralizzare le inevitabili polemiche. Anche il suo agente è entusiasta, persino troppo, perché mentre stiamo per congedarci introduce a sorpresa nella stanza un'altra sua assistita, nome d'arte Ramba poiché si ispira al personaggio di Sylvester Stallone in versione femminile e porno, e cerca di convincerci a prendere anche lei in trasmissione.

C., che è una donna pragmatica e non amante delle sfumature diplomatiche, chiude la questione in modo secco e inequivocabile. Io che ho ventiquattro anni e un certo gusto per le cinematografie alternative, non nascondo il rammarico per questa chiusura. Anche Ramba è dispiaciuta e mi pare di cogliere una dolce e pacata tristezza mentre si toglie di dosso la cartucciera prima di venire a salutarci.

***

Non è decisiva l'idea, ma il momento e il modo in cui la si dice in riunione perché c'è un momento esatto e solo uno in cui quella proposta ha senso. Un attimo prima, o un attimo dopo, è una cazzata.

***

Mi telefona continuamente. Forse non gli rinnoveranno il contratto. Sta per compiere sessant'anni e ormai non capisce più gli autori. Nel senso che non capisce proprio di cosa parlino. Mi fa l'esempio di un ospite che è passato di recente nel suo programma: pur avendolo invitato in trasmissione non ha capito cosa facesse nella vita.

***

E pensare che una volta qui era tutta conversazione.

***

Mi scoccia moltissimo non ricordare mai le tante cose belle che mi sono successe o di cui sono stato testimone.

Ho una memoria selettiva, che mi fa ricordare con minuziosa precisione dei dettagli solo le cazzate.

***

Quando non sai più come approcciare un ospite che da sempre si rifiuta di accettare il tuo invito, prova con: "Caro…, come certamente saprai l'insistenza è un effetto collaterale della devozione".

***

Quanto devo alla mia ignoranza! Devo molto alla fortuna, ma molto di più all'ignoranza. Per quanto tempo ancora avrò la fortuna di imparare?

***

A sorpresa, ha partecipato alla trasmissione concorrente dopo mesi di incontri e accordi per essere ospitato nella nostra. Il problema, ovviamente, non è la comparsata ma la qualità dei rapporti umani. È ovvio, non ci può essere reciprocità, simmetria, tra le nostre vite regolari di professionisti e la scapigliatura dell'Artista. Questa sostanziale diversità gli consente di mettere in piedi ogni volta un nuovo circo emotivo introdotto con la formula magica "Scusa, non sai cosa mi sta capitando" come da sms appena ricevuto.

Ne parlo con il fatalismo che per me costituisce un imprescindibile ferro del mestiere ma G. solleva un dubbio: forse il lato meno evidente ma più interessante di ogni Artista è la capacità di gestire l'agenda dei colpi di scena, cadenzandoli affinché sopra di lui non si spenga mai il riflettore.

Istinto di sopravvivenza, dico io? Forse, ma anche lucida strategia di marketing.

Morale cui giungiamo entrambi:

Non cambieremmo mai la nostra vita con la sua, ma non siamo più sicuri che lui cambierebbe la sua con la nostra, come al contrario dice di sognare.

***

Uno faceva lunghissimi periodi di fame per permettersi vacanze all'altezza della sua reputazione.

***

A quei tempi ero abbastanza famoso perché avevo attraversato a cavallo di una palla di gomma l'intero corridoio della Rai di Milano, in corso Sempione.

In diretta televisiva.

Da quel giorno ho sempre temuto di essere contattato prima o poi da qualche trasmissione di nostalgia come ospite per rievocare quel momento. Ormai sono passati troppi anni, e sono abbastanza sicuro che non accadrà. Per fortuna non ci sono più gli autori di una volta.

***

Decalogo

1. Non è un mestiere serio, ma va fatto seriamente.
2. Chi lavora da solo sbaglia più di tutti gli altri.
3. Il Conduttore ha sempre ragione. Anche quando ha torto.
4. Le idee sono nell'aria. E comunque, mai dove sei tu.
5. Ogni autore durante la diretta ha i minuti contati.
6. Non esistono amici, solo ospiti a cachet non trattabile.
7. Prima di una riunione, firma un contratto.
8. Fai sempre "salva" anche quando hai scritto una cagata.
9. Il vero fallimento è frutto di ambizione e generosità.
10. Nessuno considera il tuo un Lavoro, tranne il Fisco.

***

Nulla secondo me può spiegare il senso profondo e la potenza ineluttabile della Televisione come il fermo immagine in cui Bono Vox e Mario Merola si trovano l'uno di fronte all'altro nella platea del Teatro Ariston e in diretta e in Mondovisione si riconoscono come colleghi.

***

Nelle lunghe vigilie della diretta quando davanti a te si stagliano preoccupanti ore e ore di nulla prima che si accenda la luce della telecamera e parta la sigla del programma, gli autori si radunano intorno a una fotocopiatrice e i più anziani tra loro per passare il tempo raccontano storie come questa:

BDR è un agente televisivo la cui scuderia è alquanto in disarmo: pochi artisti, abbastanza scalcinati e molto difficili da piazzare nel mondo televisivo contemporaneo. I dirigenti delle varie reti, quando lo incontrano o sentono parlare di lui, fingono di non conoscerlo. Lui ormai passa la maggior parte del proprio tempo a dirimere piccole controversie economiche con i suoi rappresentati, a far da paciere a situazioni sentimentali traballanti, a motivare artisti che hanno perso fiducia nel proprio talento: un fastidioso e irrilevante cabotaggio sempre con il rimpianto di chi aveva in mano la gallina dalle uova d'oro e l'ha vista fuggire.

Sì, perché M. il grande Entertainer, il re degli ascolti, il divo assoluto che ora tutti vogliono, aveva iniziato la sua carriera proprio all'ombra e grazie ai consigli di BDR. Diventato famoso, lo aveva però lasciato per la Agenzia Uno, del potentissimo Ermes Liguori, il ras incontrastato degli agenti tv.

Per uno di quei casi assurdi che rappresentano la normalità del vivere televisivo, un giorno il potente dirigente tv del grande network nazionale riceve l'incarico dal suo capo di preparare uno show da mandare in onda da lì a due settimane: dello show in sé non importa nulla a nessuno, l'importante è che rappresenti l'occasione per la soubrette Dolly Ferretti.

In quelle condizioni, preparare uno show in un tempo impossibile e a patto che la prima donna sia lei, notoriamente incapace di intendere di volere e di saper fare, il dirigente disperato capisce che è inutile rivolgersi ai grandi del settore: occorre un guizzo, un colpo d'ala.

Quando il telefono squilla, BDR stenta a credere alle proprie orecchie: gli è stato appena affidato l'intero casting (primadonna esclusa) di un importante varietà di prima serata.

Riuscirà BDR a metterlo insieme e a farlo debuttare nel tempo previsto e a tornare nuovamente centrale nel mondo dello spettacolo?

No.

(*alla vigilia delle dirette il lieto fine non esiste*)

***

A pranzo con un genio comico dal presente disagiato. Ha una profonda malinconia di sé. Fa ridere. Ma come in lontananza.

***

La Vocazione all'Errore
(Tragedia di un'idea in tre atti)

Primo atto: avere un'idea e proporla. Entusiasmo e positività.

Secondo atto: individuare le persone giuste per realizzarla. Eccitazione.

Terzo atto: chiamare le persone sbagliate. Fallimento e disperazione.

***

Il Frecciarossa in partenza da Milano Centrale alle 7.00 e atteso a Roma Termini per le 9.55 viaggia con circa 87 imprecazioni di ritardo.

***

Se avessi saputo dire più no,
se avessi saputo cogliere lo sguardo,
se avessi saputo trattenere la battuta,
se avessi saputo trovare la soluzione adatta,
se avessi saputo fare la telefonata giusta,
se avessi saputo scrivere il finale,
se avessi saputo spiegare meglio,
se avessi saputo fare una telefonata in più,
se avessi saputo sorridere quella volta,
se avessi saputo sorridere sempre,
se avessi saputo non offendermi,
se avessi saputo quello che non avrei dovuto sapere,
se avessi saputo dove erano gli altri,
se avessi saputo rinunciare al bello,
se avessi saputo ricordare quel gioco,
se avessi saputo convincere che era sbagliato,
se avessi saputo fermarti in tempo,
se avessi saputo fermarmi in tempo,
se avessi saputo mentire,
se avessi saputo esagerare,
se avessi saputo fingere di non vedere,
se avessi saputo farmi scivolare tutto addosso,
se avessi saputo fare altro,
se avessi saputo come andava a finire,
non sarebbe cambiato nulla, perché rifarei tutto uguale.

***

E comunque dopo tutti questi anni ancora mi emoziono fortissimo la sera della diretta, prima della messa in onda.

I primi segnali di inquietudine mi attraversano fin dal pomeriggio, quando le battute con i colleghi sono meno spontanee, meno efficaci, meno insistenti. Segno che la tensione sta salendo, e non solo in me.

Ho bisogno di uscire spesso dalla Sala riunioni, con qualche scusa, ma chi mi conosce sa che sono entrato in modalità vigilia della diretta, e mi lascia stare.

Comincio a essere molto agitato un paio d'ore prima del fischio d'inizio, quando termina la lettura scaletta con la squadra tecnica e mi aggiro per lo studio mentre il pubblico comincia a prendere posizione in platea.

Ripasso mentalmente la scaletta e sistemo il copione in un angolo del backstage, dopo averlo firmato secondo una vecchia abitudine apotropaica.

Non l'unica, peraltro.

Finalmente si va in onda: guardo dal monitor dietro le quinte lo svolgimento dello spettacolo e cerco di anticipare una risata, prevedo una reazione di sorpresa, incasso una freddezza in un passaggio che consideravo "sicuro", mi stupisco di un applauso non previsto.

Poi qualcuno richiama la mia attenzione e mi chiede di dare risposte veloci e attendibili in pochi istanti e così vengo distratto da quello che succede in scena e dall'emozione che comporta verificare in diretta quanto di buono, di mediocre, di inutile, di efficace c'era in tutte quelle riunioni.

***

Sul taxi, a Napoli.
Tassista: "Voi che fate alla Rai?".
Io: "L'autore".
Tassista: "Quindi voi siete il Regista?".
Io: "No, io scrivo".
Tassista: "E perché?".

Sono passati troppi anni dal mio primo elenco di amici che verranno al mio funerale.

Ogni volta che li riguardo mi rendo conto di quanta incertezza rimane sempre sul numero esatto dei partecipanti.

Forse sconto una eccessiva vaghezza sui criteri di ammissione, e comunque troppo mistero permane sulla mia reale conoscenza dei sentimenti profondi di chi proditoriamente iscrivo o depenno dall'elenco a seconda del mio umore.

Devo ricominciare, partendo da un nuovo punto di vista.

Ho deciso che inserirò nell'elenco solo quelli che sapranno rispondere esattamente ad almeno sette domande su dieci complessive relative alla mia vita, che spedirò via mail nei prossimi giorni agli interessati.

Passato l'esame, l'adesione diventa definitiva.

In ogni caso, come nei migliori tornei di tennis, concederò una wild card.

Una sola.

A te. Quindi non fare che non vieni.

Bis (Epitaffio)

E comunque, se rinasco, Fred Astaire.

Ringraziamenti

In un film di Paul Thomas Anderson intitolato *Il filo nascosto* il protagonista, un famoso e raffinato stilista londinese, cuce messaggi segreti e li nasconde dentro gli orli degli abiti che crea, sicuro che le clienti cui sono diretti non li troveranno mai, ma ne subiranno in qualche modo l'effetto.

Solo così, nascondendoli dentro il proprio lavoro, l'uomo riesce a esprimere i suoi sentimenti di gratitudine e di approvazione per quel mondo che rappresenta tutta la sua vita.

Allo stesso modo mi piace pensare che all'interno di ogni riunione fatta, nelle pieghe di ogni programma realizzato, tra le righe di ogni copione scritto in tutti questi anni, ci siano cuciti tanti fili nascosti ciascuno dei quali mi lega alle vite di tutti i miei compagni di viaggio – di un giorno o di una vita – in un intreccio che, a guardare bene, dà vita a una trama di cui vado orgoglioso.

Quindi,

grazie a tutti.

E grazie a Tommaso Labranca, non solo per il disegnino in copertina.